人文及社會學科

教育專題研究

第三輯

教育部人文及社會學科教育指導委員會主編

著作者

李戈北　張芳杰　黃自來　謝雲飛　黃季仁　嚴翼長

三民書局印行

國立中央圖書館出版品預行編目資料

人文及社會學科教育專題研究，第三輯
／教育部人文及社會學科教育指導委
員會主編：李戈北等著. --初版. --
臺北市：三民，民82
面；　公分. --（人社叢刊）
含參考書目
ISBN 957-14-1997-4（平裝）

1.教育—論文，講詞等

520.7　　82004013

教育專題研究第三輯

主編　教育部人文及社會學科教育指導委員會
著者　李戈北　張芳杰　黃自來
　　　謝雲飛　黃季仁　嚴翼長
發行人　劉振强
著作財產權人　三民書局股份有限公司
印刷所　三民書局股份有限公司
地址／臺北市復興北路三八六號五樓
郵撥／〇〇〇九九九八－五號
初版　中華民國八十二年八月
編號　S 52063
基本定價　肆元
行政院新聞局登記證局版臺業字第〇二〇〇號

ISBN 957-14-1997-4（第三輯：平裝）

人社叢刊序

教育部於民國七十四年十一月二十九日成立人文及社會學科教育指導委員會，致力於各級學校人文及社會學科教育目標、課程、教材、教法及師資等問題之研究，俾能更切合實際需要，增進教學效果；並期與數學及自然科學齊頭並進，平衡發展。

本會主要工作有學科研究、專題演講及專題研究等項。其中專題研究，係由本會人文、社會學科兩教育研究委員會負責規劃，舉凡人文及社會學科現有問題須加探討以謀求解決者；或對於人文及社會學科方面具有前瞻性構想，能突破現狀而有所改進者，皆在研究範圍之列。茲經約請專家學者針對當前人文及社會學科教育有關問題，加以分析及探討得失，並提出新的構想，以期對於人文及社會學科教育之推展及改革有所貢獻。

現將此項研究報告彙集付印，藉供教育界同仁參考，並望多所指教。

中華民國八十二年五月　劉真　識

教育專題研究（第三輯）目次

大一國文之教材教法改革研究　謝雲飛

人文、科技、教育整合觀研究的試探

黃季仁

美國和德國課程發展的比較　嚴　翼　長

人社叢刊之十二

海峽兩岸小學語文教科書價值觀之分析研究

李戈北

作者簡介

李戈北先生，湖南攸縣人，民國四十四年生。畢業於復興小學、民族國中、中山女高，國立臺灣大學中文系學士、美國俄州辛辛那提大學教育碩士、洛杉磯加州大學比較教育系哲學博士、教育心理系博士後研究。曾任加大比較教育系研究助理、加大推廣教育部門語言系資深教師、柏克萊加州大學漢學研究中心副研究員。一九九〇年於洛杉磯創辦中國教育暨文化傳統基金會，及其附屬之中文班——中國語言文化書院，並兼負責人。主要著作有"Moral Education in the Republic of China" (*Moral Education Forum*, 1990)、「試從教育心理學看孝的觀念」（臺北漢學研究中心主辦之「中國人的價值觀國際研討會」論文集，一九九二）、"The Essentials of the Chinese Value System", "From a Benevolent Universe to the Benevolent Individual: The Value Orientation in the Confucian Four Books and Its Impact on the Learner's Personality Development", "An Educational Inquiry into the Value Orientations of Textbooks in Taiwan and Mainland China"（此三篇已收入 Uwe P. Gielen所編新書*Chinese Morality: Values, Reasoning and Education*，整理出版中）。目前除致力中國語言文化書院拓展工作外，並在太平洋文化基金會贊助下，從事孝的專題研究。

海峽兩岸小學語文教科書價值觀之分析研究

李戈北

一、前　言

海峽兩岸源出同一文化傳統，一九四九年後卻爲不同之政治理念、體制所轄治。這些文化源流上的「同」與政經體制上的「異」相互作用之過程極爲複雜，對民生更是影響深遠。兩岸接觸後經由相互的觀照，均迅速體會出彼此各層面的迥異，尤其是思想行爲上如太極圖形般的同中有異、異中有同，更帶給現今中國人無限的衝擊與思考。儘管這些文物時事的變遷仍在進行，而人文上的評量也有待時間來提供縱橫寬廣的歷史視野；但在刻不容緩、亟於掌握當前的教育領域裏，兩岸分隔無疑促成了兩種教育內容的自然實驗，而透過審愼的分析比較，也必有番經驗教訓當今可供汲取。

在教育園地裏，價值觀教育（values education）向居樞紐位置，因爲人類的思慮行爲，從人生重大抉擇至日用生活各種善惡輕重的取決，莫不自覺或非自覺地受個人價值理念所左右，而透過價值觀教育的剖析，更可掌握一個民族的脈搏，並理解其政治、文化的施力所在。由於幼年是價值觀導向（values orientation）培養的關鍵期，因此本文將以小學階段之語文教科書作爲研究對象，冀能觀微知著，了解兩岸價值觀的走向及其對學習者的潛在影響。文中所嘗試思考的主題爲：

——兩岸小學語文教科書中所倡導之價值理念各爲何？

——這些理念與中國文化傳統、意識形態、社會變遷各有何關連？

——從教育心理學上的已知與未知，來探討兩岸價值觀教育對學習者的可能影響。

——由兩岸語文教科書價值觀之比較所帶來的啓示與思考。

在介紹研究方法前，先將「價值觀」（values）或「價值理念」此概念作一界定釐清。Milton Rokeach 在討論人類價值觀時，將其區分爲本身卽目的之「終極價值觀」（terminal values，如「和平」等等），以及爲達成終極理想的「工具性價值觀」（instrumental values）。前者具有跨越文化、時空的穩定與不易性，而後者則較接近隨文化時空而有所不同的「社會規範」（social norms），或「行爲模式」（modes of conduct），而在這兩種價值觀作用之下，又產生「態度」（attitudes）。根據 Rokeach 的理論，人類終極價值觀爲數並不多，但這些有限的價值觀可經由許多工具性價值觀或行爲模式來達成，同時這些價值理念又在不同情境

(contexts) 下衍生各種態度❶。

以上概念的界定在理論架構上極有裨益，但在教科書內容分析（content analysis）時卻似乎無法如此涇渭分明地分別範疇，理由有三：㈠一些客觀上只能定位於「態度」層次的訊息，卻很可能是當局亟欲建立的「價值觀」。㈡一些僅能界定爲「行爲模式」或「態度」的理念，在學習者（尤其是幼童）心中卻可能是以神聖不移的「價值觀」看待。㈢由於「價值觀」、「行爲模式」、「態度」在學習歷程中有可能時相轉化，因此如果只限定於某一點的討論，而忽略了其他層次的訊息，則未免有「見樹不見林」、「見樹不見苗」之偏。

爲求盡可能掌握兩岸價值教育的細緻肌理，本文並不詳加區分以上概念，而將語文教科書中任何能影響學習者情、意、志之訊息概稱爲「價值觀」或「價值理念」，畢竟我們在作各種輕重、善惡、美醜等價值判定時，所依據的並非僅限於終極價值觀，而往往是各層次理念的綜合。

至於研究方法及步驟方面，首先以「內容分析法」辨定語文教材每一課的「主題」（central theme）及「副題」（sub-theme）。以課爲單位，每課必有一主題，亦即所欲表達之主旨；主旨之外，課文多亦蘊涵其他意義，這些訊息雖不似主旨那麼顯明，但對讀者的潛存影響卻不容忽視，故以副題稱之，至於其數目多寡或存在與否端視課文內容而定。主、副題的認定嚴格而論均屬閱讀者主觀的詮釋，所幸前者在研究者間存有相當的共識，可信度高。主、副題分析完畢後，再根據其意涵，將同類題旨作某種程度的歸納併聯，以尋求價值理念的軸集所在。譬如「親人的

關懷分享」、「孝」、「感恩」可合併在「倫理親情」之下;而「同情困苦貧弱」、「關懷濟

助」、「愛護動物」等子題則可聯合納入「仁愛」的範圍內。

不論是以課文的主題或副題形式出現,這些題旨大致反映出透過語文教育兩岸所欲倡導的價

值理念,再根據教材中出現的頻率次數,基本上可得到兩項統計數據:(一)各主題在教材中的比

重順序。(二)各主題與副題的併列合計。格於篇幅,主、副題之合併資料無法在此詳加列表,僅

作為分析討論時之參考背景。為求層次清晰,課文題旨又再區分為「知識類」(informational

themes)、「行為類」(behavioral themes)與「政治類」(political themes)❷,並將

討論焦點集中於與價值觀較密切的後兩類。

用作分析的臺灣國民小學「國語」課本十二冊均為八四年國立編譯館出版,由國立編譯館國

民小學國語科教科用書編審委員會編訂❸。「語文」課本十二冊則為同時期大陸全日制六年制小

學課本之試行本,出版時間除四、六、十冊為八三年,第十二冊八五年之外,餘皆為八四年。由

上海、浙江、北京、天津四省市的小學語文教材聯合編寫組編訂,上海教育出版社或浙江教育出

版社出版,北京出版社重印,北京市新華書店發行。就大陸教材內容而言,八八年新出版之全日

制六年制小學語文課本(試行本字樣已取消)與本文所分析之課本極為接近,稍有更動者僅止於

課文順序、閱讀課文或普通課文的圈定,及少數一、兩課的增減。因此在價值理念方面,文中所

作分析或仍可反映出今日大陸課程的精神樣貌;只不過隨當地社會民智的日益開放,以及政治局

表一 臺灣小學國語課本以知識類訊息作為主題的課文數目及百分比

比重順序	主題	課文數目	佔課文總數%
1	農業及生物知識	七	二·五六
2	學術知識	五	一·八三
3	社會知識及習俗	四	一·四七
4	中國古代文明	二	〇·七三
5	自然科學知識	二	〇·七三
6	科學技術知識	二	〇·七三
7	現代中國歷史及人物	一	〇·三七
8	少數民族	一	〇·三七
9	他國文化	一	〇·三七
10	其他各種類常識	一	〇·三七
合計		二六	九·五二

勢的瞬息萬變，未來語文教材的改革似亦在所難免。

值得注意的是，本文僅就兩岸小學語文教科書所蘊涵之價值理念作一分析比較，這些資料固有助於對兩岸價值教育之內容及理想人格（ideal personality）的了解，但並不能完全告訴我們老師在教室裏如何詮釋這些理念，而學生又是如何領會。此外，主題在教材出現頻率的統計或可代表其廣度與分量，但無法顯示訊息的深度及強度，也因此在讀者較陌生的大陸教科書部分，將儘量引用原文，以求客觀深刻的體認。

二、臺灣小學「國語」課本之內容分析

(一)知識類

由「表一」可知以知識類訊息爲課文主題的百分比非常低，不到一〇%，主要是以輕鬆活潑的方式介紹農業、生物、學術及社會習俗方面的常識。

(二)行爲類

近八〇%的國語課文是以品德薰陶方面的訊息作爲主題，文以載道及求學在做人的教育傳統在現代臺灣仍得以持續發揚，而「表二」所列也均可在中國文化傳統中找到根源。以下是就比重較高的主題略加說明：

表二 臺灣小學國語課本以行為類訊息作為主題的課文數目及百分比

比重順序	主題	課文數目	佔課文總數%
1	自然之賞析	三六	一三・一九
2	倫理親情	三一	一一・三六
3	自律	二三	八・四二
4	仁愛	二二	八・〇六
5	不斷力求上進	一八	六・六〇
6	堅忍奮鬥之精神	一七	六・二三
7	身心均衡	一一	四・〇三
8	公益精神	九	三・三〇
9	眞誠友誼	八	三・〇〇
10	研究及實驗精神	七	二・五六
11	敏度及感性	五	一・八三
12	冷靜沈著	五	一・八三
13	感謝之心	四	一・四七
14	文藝之賞析	三	一・一〇
15	敬愛師長	二	〇・七三
16	純樸	二	〇・七三
17	專一	二	〇・七三
18	審愼	二	〇・七三
19	學習他國文化	二	〇・七三
20	求學目的在學習做人	一	〇・三七
21	內涵重於外在	一	〇・三七
22	固有文化及優良傳統之賞析	一	〇・三七
23	非功利及追求理想	一	〇・三七
24	爲善不欲人知	一	〇・三七
25	團結	一	〇・三七
26	理論與實踐合一	一	〇・三七
合計		二一六	七九・一二

「自然之賞析」：培養學童以美學眼光欣賞大自然，並從中汲取智慧、體會寧靜、滌清俗慮。十二冊教材中，有三分之一是以連續數篇表述大自然之美的課文揭開序幕。大自然不僅是親切的朋友（八：六）[4]、可呵護的對象（二：六）、知識的寶庫（十：三）、詩境與想像的融合（九：四），更是開闊心胸的憑藉（七：十一）。

「倫理親情」：約一一%課文以此為主題，更有五分之一以上的課文作為副題，如將主、副題合併計算，則「倫理親情」的比重將遠超過其他，獨佔鰲頭。倫理親情在低年級課文多以稚幼天眞的孺慕之情表現，隨年級增高，則揉以敬重與感恩，孝思孝行亦愈趨深刻成熟。雖然孝心孝行的表露早見於一年級課文，但「孝」一詞在語文教材中的正式學習則始於四年級〈木蘭從軍〉（八：八）。五年級〈母親頌〉將無微不至的親恩作了仔細的回顧描述（十：十三），隨後的〈孔子談孝〉引用《論語》四章節來闡揚孝道（十：十四）。親情的關懷並不止於父母手足，也涵蓋了祖孫之間（二：三，三：四，三：六，三：二十三，三：二十四，五：十八，六：七）。

「自律」：子題包括有「誠」、「禮節退讓」、「誠實信用」、「盡職負責」及「整潔衞生」。這些子題看似分散，但均圍繞於一個重要目標之下：克己修身，並將對他人及社會的敏感與責任融入律己工夫。因此「禮節退讓」不著重外在禮儀的傳述，而是學習設身處地，從他人或大我的角度來考量事物（七：十九）。

「仁愛」：仁愛的觀念或較抽象，具體的子題則有「愛護動物」、「關懷濟助」、「同情困苦貧弱」、「敬老扶幼」等。「仁」在低年級課文多見諸對動物的關愛憐惜，隨年級增高，則擴展至社會大衆及弱者。

「不斷力求上進」：子題包括有「勤奮」、「好學」、「虛心」、「自省」，集體目標是自幼培育一種向上追求的自發動力。勤學的典範在課文中時有所見，四年級教材以連續三課闡述勤之益、惰之害（八：十三，八：十四，八：十五）；至於以切實的反省來追求自我超越則見諸高年級的議論文（九：八，十二：十一）。

「堅忍奮鬪之精神」：此主題涵括了「堅定」、「樂觀奮鬪」、「勇氣」、「刻苦耐勞」、「擇善固執」、「意志勝於環境」等各層面。在低年級多以生物的韌力爲範，如小螞蟻的不畏勞苦（二：十七）、小魚的力爭上游（三：十一）、小松樹的不畏風雨（四：二）。較高年級則以實際人物爲楷模，如詹天佑的堅忍不拔（八：三）、劉俠（杏林子）的樂觀進取（十一：十）。

以上六項比重佔教材一半以上，可視爲臺灣小學語文教育中價值理念的主幹。其他的「身心均衡」旨在鼓勵有益身心之休閒活動；而「公益精神」則包括了「愛護公物、遵守秩序」、「貢獻社會」及「置公利於己利之上」。「敏度及感性」常見於古典詩作，具體的行爲特質是懷舊與人生世事之無常感。以「感謝之心」爲主旨的雖僅四篇，但以副題出現的則有二十五篇，加上另外獨立成項的對父母、師長的感恩，使得課文字裏行間時露飲水思源之情。「表二」似應囊括了教材中所能意會言傳的大多數價值理念，至於「正義」、「恕」及「節儉」由於僅以副題出現，故不在附表之內。

(三)政治類

政治類主題的比重遠遜於行爲類，稍高於知識類，佔總內容的一一・三六%。首兩册課本此類主、副題均從缺，二年級起有三篇，三、四、五年級各有五或六篇，六年級則有十二篇，以下爲重點式說明：

「愛國情操」：具體子題包括有「愛國愛民」、「防衞國家」、「效忠」、「疆土之愛」及「爲國捨生」。學童政治層面的社會化（political socialization）起始於二年級上學期，以〈國慶日〉爲題的課文介紹了「中華民國」、「雙十節」、「國旗」、「總統府」以及慶祝國慶、向總統敬禮等概念（三：七）。國家意識不僅是坐落在臺灣的中華民國，也建立在歷史中國、文化中國上。三上〈我是中國人〉有著「我是中國人，我在中國生根，我愛中國，愛得最深」的民族認同（五：九）。至於「疆土之愛」的三篇則涵蓋了青海（十一：十三）、蒙古（十一：十四）及臺灣島（十二：十六）。「爲國捨生」爲主題的分別是太原五百完人（八：九）與荆軻刺秦王（十二：十）；而「效忠國家」則以反淸復明的朱舜水爲典例（十一：二十四）。

「爲國或爲革命所展現之毅力鬪志」：人物楷模除鄭成功、花木蘭、太原五百完人、張騫、少康之外，尙有廣州革命期間喬裝護送軍火的卓國華（十：八）。

「民族自信及自立自強」：作爲主副題者共十篇，一方面以古今中華偉大之發明或建設來恢

表三 臺灣小學國語課本以政治類訊息作為主題的課文數目及百分比

比重順序	主題	課文數目	佔課文總數%
1	愛國情操	一五	五・四九
2	爲國或爲革命所展現之毅力鬪志	六	二・二〇
3	民族自信及自立自強	二	〇・七三
4	化險爲夷之機智勇氣	二	〇・七三
5	平等博愛自由民主等政治理想	一	〇・三七
6	反共	一	〇・三七
7	人民爲國家根本	一	〇・三七
8	新社會之現代化	一	〇・三七
9	人心重於物質	一	〇・三七
10	懷念已故領袖	一	〇・三七
合計		三一	一一・三六

宏民族自信，另方面則藉中美斷交後之自強救國運動來激勵人心，並用詩歌鼓吹「自立自強最可靠」的信念（七：七，九：七）。

「化險爲夷之機智勇氣」多經由弦高、藺相如等歷史人物來表達。「平等博愛自由民主等政治理想」大多以副題出現，唯一作爲主題的課文是以歌劇問答方式宣揚三民主義建國理念（十：九）。「反共」包含了「共產主義之黑暗」及「解救大陸同胞」兩子題。以反共爲主旨的唯一課文出現於三下，〈沒有太陽的地方〉描述大陸在「共匪」佔據下的貧窮不安，同時亦強調對彼岸大陸同胞的責任（六：二十一）。「共匪」一詞曾在四課中出現，共使用十五次，除〈太原五百完人〉外，每次反共訊息皆伴隨著對大陸同胞的關愛與使命感（六：二十一，七：九，八：七），顯示了「中共政權」與「大陸人民」的截然劃分。以「人民爲國家根本」爲主副題的課文分別藉武王伐紂、周幽王暴政必亡及少康中興的史例闡揚民爲邦本的傳統政治理念（十：七，十一：八，十二：十二）。政治類訊息尚有僅以副題形式出現的「政治家的道德操守」（六篇）及「反帝國主義」（一篇）。

（四）綜合討論

以上重點式說明或有助於了解「國語」課本主題的樣貌及比重，綜論之，如「圖一」所示，前十八項重要主題佔總內容的八五・三五%，依次分別爲自然之賞析（一三・一九%）、倫理親情（一一・三六%）、自律（八・四二%）、仁愛（八・〇六%）、不斷力求上進（六・六%）、

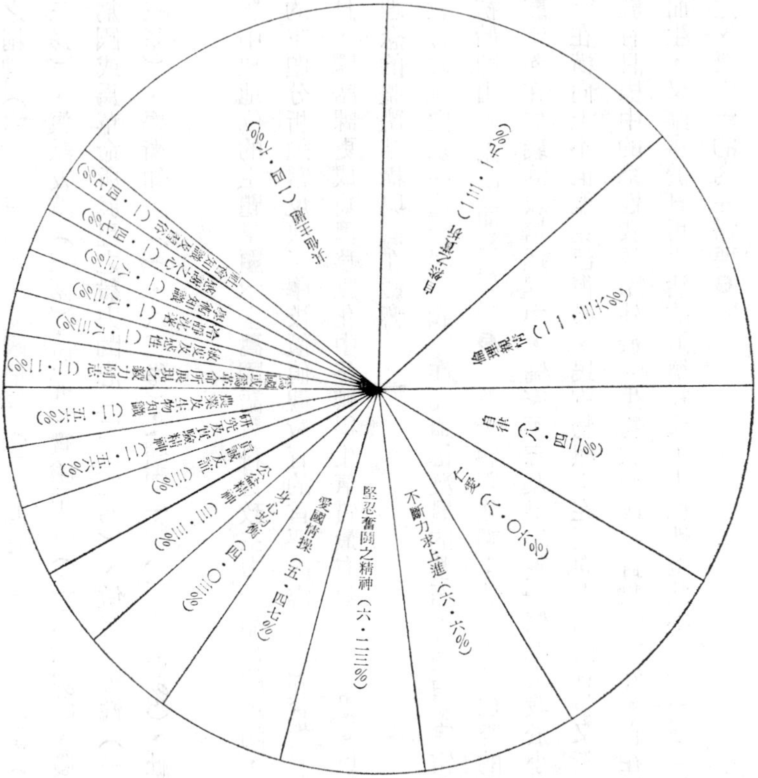

圖一　臺灣小學國語課本重要主題及其百分比

堅忍奮鬪之精神（六・二三%）、愛國情操（五・四九%）、身心均衡（四・○三%）、公益精神（三・三%）、眞誠友誼（三%）、研究及實驗精神（二・五六%）、農業及生物知識（二・五六%）、爲國或爲革命所展現之毅力鬪志（二・二%）、敏度及感性（一・八三%）、冷靜沈著（一・八三%）、學術知識（一・八三%）、感謝之心（一・四七%）、社會知識及習俗（一・四七%）。

這些居中樞地位的主題羣顯示臺灣國語教科書致主力於品德的薰陶，而絕少政治化的傾向。語文教材的主題分析通常反映了學校價值觀教育的首要內容，尤其是道德及公民課略趨「儀式化」的今日，國語課更成爲潛移默化中移轉學生氣質最有效之著力點。以下便自教育觀點，探討這些課文理念的整體結構與潛在影響。

儒家教育傳統向以「仁」與「義」作爲道德發展的基石，前者爲宇宙萬物生發的核心，故於幼年啓蒙初始即由「孝」而「仁」❺，特予涵養強調；隨後再於仁愛的基礎上，逐漸融入較爲陽剛的「義」。在仁義的栽培過程中，儒家不忘及早培養一個融大我於小我之中的「德性我」，這個「我」在橫向上不但能克己復禮、民胞物與；在縱向上亦能日新又新、自強不息。更重要的是，儒家教育目標中的德性我並不外於「生物我」或「自我」之外，它在細緻柔密的德育薰陶下循序漸進而生，又歸寧於日用生活的道德實踐——德性至此不再是一種「知之」❻的外在要求，而是「好之、樂之」的內在需要❼。

所分析的「國語」教材在內容上反映了儒家的基本理念，而在課程設計上亦大致採取了由近而遠、由孝而仁而義的修身步驟。在低年級，尤其是一年級，首先強調家人的和睦親愛，以及對周遭小動物與草木的憐惜，字裏行間樸拙的仁心愛意可以下則課文爲例：

有一天，我家來了一隻小花貓。
小花貓，咪咪的叫不停。
我對小花貓說：「不要哭，不要叫。你是不是找不到媽媽了？」
小花貓不會聽我的話，還是咪咪的叫。
我又對小花貓說：「你的家在哪兒？我先給你吃條魚，再送你回家去。」
可是小花貓不告訴我，我怎麼送他回家去呢？（二：十）

隨年級增加，關愛的範圍逐漸推及師生、朋友、困苦貧弱，乃至衆生靈。於蠻荒非洲行醫濟世，悲天憫人史懷哲的故事，是傳遞「和平博愛、尊重生命」理念的典型（十：二十三）。踐德歷程中所不可或缺的堅忍毅力亦爲課程重點；傳統蒙學所著重的克己修身及好學勤進更反映在教材安排上。課文中「公益精神」實則爲傳統利他主義的行爲表徵，此外感謝寬容的心胸、內涵重於外在、爲善不欲人知、追求理想等非功利的價值信念，也皆延續了中華文化的基本精神。

課文之政治理念多屬普遍性（universal），而非黨派性質（partisan），譬如愛國情操、爲政治理想所展現之毅力鬪志、民族自信及自立自強、平等博愛自由民主等等。「國民黨」一詞未見諸文字，唯一可稱政黨色彩的「反共」訊息雖明顯可察，但多與對大陸同胞的關愛及使命感並存，故反映的似僅止於制度主義的批判，而非對人的敵恨。至於典範人物（role model）的擇取，全教材四十位主要眞實人物中九位是外籍科學家或人道主義者，三十一位中國人除劉俠女士外，餘皆隱入歷史。民國以來的人物則有國父孫中山先生（二課）、先總統蔣中正先生（三課）、太原五百完人、革命志士陳英士先生及卓國華女士。

整體而論，臺灣小學「國語」的取材均以宇宙天地萬物之諧和爲著眼點，至於一些可能的衝突（conflicts）則略去不顧，或是將已存在的衝突在課文中以下列角度處理定位：1.將負面之衝突列爲客卿背景，而致力於正面的訊息；因此衝突是短暫的，僅爲邁向平和圓滿的一小過程。2.一些表象上的挫折衝突，實則可促成實質內涵上的進化，亦卽恆由負面環境汲取正面的力量。3.將衝突等負面因素在形式及實質上，逐漸或立卽轉化爲正面的因素。

這樣的人生角度——淡化了人性及社會較幽暗的層面，而恆加強調正面轉化的意義，固然有時影響到課文的深度，但作爲兒童口讀心誦的教本，卻又似乎維持了應有的純眞平和。

三、大陸小學「語文」課本之內容分析

(一)知識類

表四　大陸小學語文課本以知識類訊息作為主題的課文數目及百分比

比重順序	主題	課文數目	佔課文總數%
1	農業及生物知識	二三	八・〇七
2	各種類常識	六	二・一一
3	科學技術知識	四	一・四〇
4	現代中國歷史及人物	三	一・〇五
5	自然科學知識	二	〇・七〇
6	少數民族	二	〇・七〇
7	中國古代文明	一	〇・三五
8	他國文化	一	〇・三五
9	社會知識及習俗	一	〇・三五
10	生理衞生	一	〇・三五
11	共產黨歷史文物	一	〇・三五
合計		四五	一五・七九

近一六%的知識類主題比臺灣的近一〇%爲高，其中農業及生物知識爲大宗，共二十三篇，反映農業社會的教育關懷。

(二)行爲類

五五·七九%的大陸「語文」課文以行爲類訊息爲主題，遠低於臺灣的七九·一二%。雖然這些行爲準則方面的理念在教材裏時而揉雜著政治訊息，或在政治架構下表達，但大體上仍承襲了傳統文化的某些特質。以下是重要主題的舉例說明，爲求客觀的直接體會，將引用較多的原文。

「不斷力求上進」：自動自發的勤學向上固是根源於儒家精神，但在致力於掃盲及降低輟學率的大陸，更有其迫切的教育需要。高居比重首位的此項主題多見於前三年課程，首册第三課卽是「我們是小學生，我們上學去」，而第十一課更爲直接：「小學生要天天讀書，小學生要天天寫字。書要天天讀，字要天天寫。」

「自然之賞析」：此爲最遠離政黨意識與階級矛盾的主題。三十一篇課文中包括了十一首古詩，多以細描手法展現自然景觀之美及恬靜，從星空明月（一：十八，八：二十八）、田園山色（三：二十六，三：三十，六：二十五，八：十四，八：二十五，九：二，十一：七）到海上日出（九：一）、觀霧賞荷（五：二十六，六：二十四），流露天地靜觀皆自得的平和。

「自律」：主要是強調「盡職負責」，至於「禮節退讓」僅見於首册的「老師早，同學好」

表五 大陸小學語文課本以行為類訊息作為主題的課文數目及百分比

比重順序	主題	課文數目	佔課文總數%
1	不斷力求上進	三三	一一・五八
2	自然之賞析	三一	一〇・八八
3	自律	一二	四・二一
4	公益精神	一一	三・八六
5	仁愛	九	三・一六
6	堅忍奮鬥之精神	九	三・一六
7	身心均衡	九	三・一六
8	敏度及感性	八	二・八一
9	冷靜沈著	七	二・四六
10	倫理親情	四	一・四〇
11	勿對敵人仁慈	四	一・四〇
12	眞誠友誼	三	一・〇五
13	敬愛師長	二	〇・七〇
14	感謝之心	二	〇・七〇
15	專一	二	〇・七〇
16	正義	二	〇・七〇
17	內涵重於外在	二	〇・七〇
18	研究及實驗精神	二	〇・七〇
19	理論與實踐合一	二	〇・七〇
20	節儉	二	〇・七〇
21	恕	一	〇・三五
22	非功利及追求理想	一	〇・三五
23	爲善不欲人知	一	〇・三五
合計		一五九	五五・七九

（一：三）。

「公益精神」：課文中的典範人物展現了置公利於己利之上的服務精神，具體的公益行為由低至高年級包括：愛惜花木（一：十九）、看護迷失的小羊，不顧吃飯將羊歸還生產隊（二：三十一）、上學途中用自己髮辮上蝴蝶結將生產隊倒下的玉米綁妥扶正（三：十二）、主動製作木牌提醒行人勿踐踏公家菜地（四：二）、不顧桶裏魚的溜失及己身安危，全力阻趕牛的闖踏稻秧（七：四）。

「仁愛」：相對於同志愛的強烈，課文中不具任何政治色彩的人際關愛就顯得微弱。以「愛護動物」為旨的〈金魚〉是此類故事中較能傳遞溫情者：

「……金魚缸放在桌子上，誰也不准動一動，就連媽媽擦桌子要挪一挪，我也要自己動手，生怕金魚受驚。不幸的事來了。那年冬天特別冷，那條銀灰色的和一條紅的金魚凍死了。我非常難受，把凍死的小金魚撈出來，裝進火柴盒，埋在院子裏。……」（七：二十一）。

「堅忍奮鬪之精神」：所鼓勵的奮戰精神十分明確地反映在〈種子的力〉裏：

「……只要生命存在，這種力就要顯現。上面的石塊絲毫不能阻擋它，因為這是一種長期抗戰的力；有彈性，能屈能伸的力；有韌性，不達目的不止的力。……」（十：三）。

「敏度及感性」多源自古詩，且集中於較高年級。「倫理親情」為主題者僅四篇，而且和臺灣課文相比，訊息並非那麼濃重。唯一可稱例外是〈春蠶〉，描述勞苦的母親在解放前如何辛勤養蠶以籌措子女學費：

「……每天深夜，母親總要起來添桑葉。我一覺醒來，常常看見母親拿著燭臺去餵蠶。閃閃的燭光照著她那帶著皺紋的慈祥的臉。……」（八：七）

「勿對敵人仁慈」：以此為主題的四篇課文均出現於二、三年級。〈東郭先生和狼〉是大陸家喻戶曉的寓言，記敍東郭先生因憐憫之心將狼救起，然而甫脫離危難的狼卻反想撲食恩人。及時路過搭救的老農最後對東郭先生說：「對狼講仁慈，你眞是太糊塗了，應該記住這個教訓。」說著他「掄起鋤頭，把狼打死了」（八：二十二）。東郭故事因屬閱讀課文故不在統計之內，但其他四篇則以不同題材呼應了這個寓言，例如〈農夫和蛇〉中的農夫解開衣服，將路上凍僵了的蛇放進懷裏，但得到溫暖的蛇一醒過來就咬了救命恩人一口。中了毒的農夫臨死前覺悟到：「蛇是害人的東西，我不該憐惜它。」（六：十一）

除「勿對敵人仁慈」和傳統的溫柔寬厚大相逕庭外，其他行為類訊息，多和中國文化存有內在或形式上的聯繫，同時也可在臺灣教科書的主題找到類似的對應。

(三)政治類

表六 大陸小學語文課本以政治類訊息作為主題的課文數目及百分比

比重順序	主題	課文數目	佔課文總數%
1	愛國情操	一九	六·六七
2	中國共產黨之美德及貢獻	一五	五·二六
3	對中共之忠誠	一三	四·五六
4	舊社會之黑暗險惡	九	三·一六
5	爲國或爲革命所展現之毅力鬪志	九	三·一六
6	化險爲夷之機智勇氣	五	一·七五
7	承平時期之警覺	四	一·四〇
8	軍事原則及策略	二	〇·七〇
9	民族自信及自立自強	一	〇·三五
10	國際共產	一	〇·三五
11	階級鬪爭	一	〇·三五
12	反迷信	一	〇·三五
13	懷念已故領袖	一	〇·三五
合計		八一	二八·四二

政治類主題比重二八・四二%，共八十一篇，遠高於臺灣佔一一・三六%的三十一篇。由於此類理念多以課文副題出現，因此若將主、副題綜合計算，則比率高達三五・八三%，超過「語文」總內容的三分之一。此外其課文長度及訊息強度亦遠超過知識與行爲兩類別。

「愛國情操」：學生於首册課本的第四課卽開始學習「我愛北京，我愛五星紅旗」。防衞國家的意識亦早見於一年級兒歌：「解放軍，爲人民，日日夜夜守邊防。」爲國捨生的主題首見於三上，描述一位視死如歸的苗族戰士，爲摧毀最後一個暗堡，將爆破筒塞進敵方射擊口，並捨生「用肩窩使勁地頂住」，直到導火線在火光巨響中炸塌了整個暗堡（五：三十一）。

「中國共產黨之美德及貢獻」：子題包括「領導人對人民的熱愛忠誠」、「新制度下的社會改良」、及「解放軍與少年先鋒隊的革命精神」。自首册課本第五課起，中共便以仁愛公義、全心爲民的革命黨姿態出現：「共產黨愛人民，全國人民熱愛共產黨」。共黨領袖的特質包括爲百姓日夜工作（十：二十九，十：三十，十一：一）、平易近人（二：三十六，四：二十八，五：一）、對服務員工親切關懷（二：三十七，三：二十七）、生活儉樸（六：二）、與民平等，不尋求特權（三：二十八，六：二）。少年先鋒隊隊歌見於二下，其中強調「我們是共產主義接班人，繼承革命先輩的光榮傳統」、「不怕困難，不怕敵人，頑強學習，堅決鬭爭」、「時刻準備，建立功勛，要把敵人消滅乾淨」、「爲著理想勇敢前進，我們是共產主義接班人。」（四：十八）

「對中共之忠誠」：涵括的子題有「爲黨捨生」、「同志愛」、「愛黨及置黨利於已利之上」。「爲黨捨生」首見於三上，敍述十五歲的中共黨員於一九四七年從容就義：

「……敵人把劉胡蘭拉到廟門口的廣場上，當著她和鄉親們的面，鍘死了被捕的六個民兵。敵人指著血淋淋的鍘刀說：『不說，也鍘死你！』劉胡蘭挺起胸膛說：『要殺要砍由你們，怕死不當共產黨員！』她迎著呼呼的北風，踏著烈士的鮮血，走到鍘刀跟前……」（五：十九）

「同志愛」強調同志間患難相持的公義與慈愛，典型課例是〈金色的魚鈎〉中炊事老班長帶領三個病弱的小同志出草地，漫長艱苦的跋涉中，老班長每每謊稱自已已先吃過，而將僅有的食物供給小同志，至於辛苦釣得的魚也只是在收拾碗筷後偷嚼魚骨。在即將脫離草地的前夕，小同志們終於發現了眞相，然而日形虛弱的老班長此時卻再也撐持不下了（十一：十九）。

「舊社會之黑暗險惡」：作爲課文主題者主要是「被剝削者的貧困艱苦」，至於其他子題「剝削者的冷酷無情」、「國民黨（政府）的腐敗冷酷」及「軍閥壓迫」等則常以副題形式出現。「被剝削者的貧困艱苦」最早見於二下〈我要讀書〉：

「……玉寶十二歲那年，在周老師的幫助下，才上了學。他剛讀了一個多月的書，地主來逼債，玉寶只好去給地主放豬。他捨不得丟下書，就背著書包到地主家去。地主看見了，一把揪住他的耳朵，罵道：『我是叫你來放豬的，還是叫你來讀書的？』一邊罵，一邊把書包搶了過去。玉寶急忙撲上去奪。可是，嚓嚓幾聲，地主已把書撕得粉碎，還惡狠狠地說：『我看你再讀書！』玉寶兩眼含著淚水，氣憤地說：『還我書，還我書，我要讀書！』」（四：三）

另一典型課例〈勞動的開端〉，作者追憶十二歲那年如何以瘦弱之軀開始挑煤餬口。第一天上工，缺乏勞動經驗的他「紅腫的肩頭跟滾水燙過一樣疼，腿上的傷口不住流血」，但由於動作慢，錯過了收煤時間，也只能挑著兩只空筐回到家裏。當晚作者怕母親見了傷口難過，不肯下地洗腳也不想吃飯。翌日一早他「喝了碗野菜粥，又翻過高山去挑煤。扁擔一壓上紅腫的肩頭，頭上就直冒冷汗。我想應該趁力氣還沒使盡的時候，先多趕幾步路，免得磨到天黑又誤事，就咬緊牙，兩腳不停，一直把這擔煤挑到車站。／從此我走上艱難的生活道路」（九：七）。

在〈糶米〉裏，課文作者將賣米農夫的貧窮無奈，與米行老闆的冷漠刁精作了深刻對比。由於米價跌得太低，先前賣力掌舵運米，頭戴舊氈帽的朋友們「幾乎不相信他們的耳朵。美滿的希望突地一沉，大家都呆了」，米店老闆更說道：「現在是什麼時候，你們不知道嗎？各處的米像潮水一樣湧出來，隔幾天還要跌呢！」舊氈帽的朋友們「剛才出力搖船猶如賽龍船似的那股勁兒，現在在每個人的身體裏鬆懈下來了。今年天照應，雨水調勻，小蟲子也不來作梗，一畝田多收這麼三五斗，誰都以爲該得透一透氣了。哪裏知道臨到最後，卻得了比往年更壞的兆頭！／

『還是不要糶的好，我們搖回去放在家裏吧！』從簡單的心裏噴出了這樣憤激的話。／『嗤！』先生冷笑著，『你們不糶，人家就餓死了嗎？各地方多的是洋米洋麵；頭幾批還沒有吃完，外洋大輪船又有幾批運來了。』／洋米，洋麵，外洋大輪船，那是遙遠的事情，彷彿可以不管；可是，不糶那已經送到了河埠頭的米，這只能作爲一句憤激的話說說罷了。怎麼能夠不糶呢？地主那方面的租是要繳的，爲了雇短工、買肥料、吃飽肚皮，借下的債是要還的。……」最後，米終究是賣出了，船身頓時「浮起了好些」，舊氈帽朋友把自己種出來的米送進了米行的廒間，而換到手的「是或多或少的一疊鈔票」（十：九）。三上的古詩二首也流露了此種不平：

「昨日入城市，歸來淚滿巾，遍身羅綺者，不是養蠶人。」

「陶盡門前土，屋上無片瓦。十指不沾泥，鱗鱗居大廈。」（五：十二）

除古今作品之外，外國文學亦選用來揭發舊社會的陰暗，契訶夫的〈凡卡〉敍述被虐待的九歲小學徒寫信向爺爺求救：

「我求您看在基督的面上，帶我離開這兒。可憐可憐我這個不幸的孤兒吧。這兒的人都打我，我餓得要命，又孤零零的，難受得沒法說。我老是哭。有一天，老板拿楦頭打我的腦袋，我昏倒了，好容易才醒過來。我的生活沒有指望了，連狗都不如！」（十二：九）

「爲國或爲革命所展現之毅力鬥志」：多以長征等中共與國民黨的各種爭戰、對日抗戰爲故事背景，強調共產黨員的正義與大無畏。教科書載有四首革命烈士詩，均爲獄中所作，語詞剛烈，所代表的抗爭態度可以下文爲例：

「為了免除下一代的苦難，我們願——願把這牢底坐穿！我們是天生的叛逆者，我們要把這顛倒的乾坤扭轉！我們要把這不合理的一切打翻！今天，我們坐牢了，坐牢又有什麼希罕？為了免除下一代的苦難，我們願——願把這牢底坐穿！」（八：三）

「表六」所列主題之外，尚有以下四項訊息僅以副題出現：「資本主義之黑暗」、「反帝國主義」、「平等博愛自由民主等政治理想」、以及「勞動者之貢獻」。

(四)綜合討論

共佔去「語文」課本內容八五・六一％的重要主題，如「圖二」所示，依比重順序分別爲：不斷力求上進（一一・五八％）、自然之賞析（一〇・八八％）、農業及生物知識（八・〇七％）、愛國情操（六・六七％）、中國共產黨之美德及貢獻（五・二六％）、對中共之忠誠（四・五六％）、自律（四・二一％）、公益精神（三・八六％）、舊社會之黑暗險惡（三・一六％）、爲國或爲革命所展現之毅力鬥志（三・一六％）、仁愛（三・一六％）、堅忍奮鬥之精神（三・一六％）、身心均衡（三・一六％）、敏度及感性（二・八一％）、冷靜（二・四六％）、各種

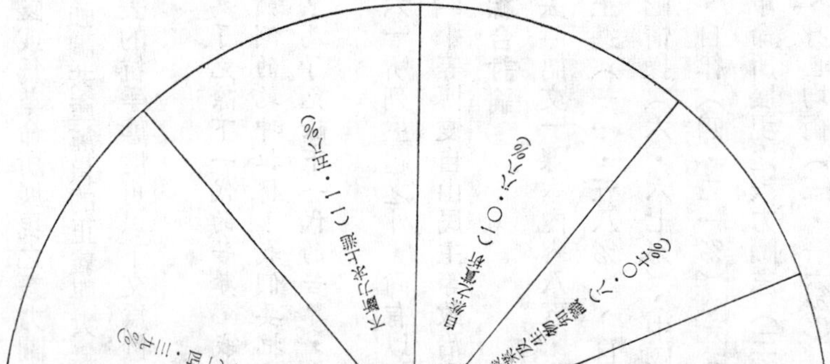

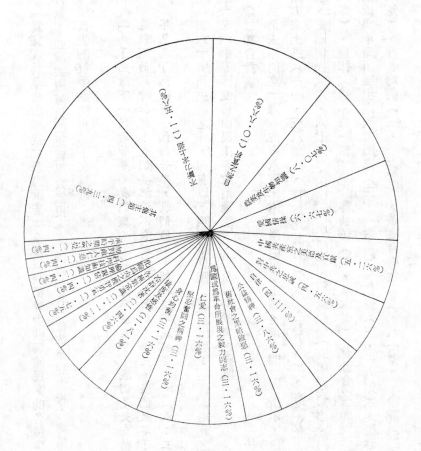

圖二　大陸語文課本重要主題及其百分比

類常識（二・一一%）、化險為夷之機智勇氣（一・七五%）、倫理親情（一・四%）、科學技術知識（一・四%）、勿對敵人仁慈（一・四%）、承平時期之警覺（一・四%）。其中政治類名列前茅者甚多，顯示了大陸語文課本的政治化偏向。

總體而論，政黨意識、階級觀念、以及馬克斯主義衝突導向 (conflict-oriented) 的人生觀在課程中握有主導的地位。這些意識型態固然可見諸剝削與被剝削者的對立、新舊社會的對比、兩黨的爭戰，同時也表現在生物間此起彼落的矛盾對立上：

「狼不想再爭辯了，齜著牙，逼近小羊，大聲嚷道：『你這個小壞蛋！說我壞話的不是你就是你爸爸，反正都是一樣。』說著就往小羊身上撲去。」（三：三十一）

「就是這些壞傢伙，偷吃了我們親手種的青菜，多可惡啊！於是，我就壯著膽子，捉住了它。我把青蟲狠狠地往地上一摔，又用腳一踩，立刻結束了它的生命。」（五：十七）

「狼終於露出了凶相，咧開嘴，齜著牙，對老山羊惡狠狠地叫嚷：『你這該死的老山羊！不快點過來，我就吃掉你！』老山羊輕蔑地看了狼一眼，說：『你不會活多久了。獵人會來收拾你的。』說完就走了。」（六：十二）

「有一次，一隻蒼蠅被茅膏菜的葉子粘住了，那隻蒼蠅嗡嗡直叫，拼命地拍打著翅膀。可是，它越是掙扎，葉片就捲得越緊。到後來，蒼蠅竟被消化了，只剩下兩片翅膀和六條細腿。……有一次，一位植物學家看見一條蜈蚣跌在豬籠草的袋子裏，半段身體露在袋外，

正在竭力掙扎想爬出袋子，可憐那袋裏的半段身體，已經腐爛得不成樣子了。」（七：十五）

「槍響了，野豬中了彈，脖子冒出血來。受傷的野豬張開大嘴猛撲過來。叔叔一邊叫我藏在樹背後，一邊飛快地向左邊跑去，爬上一棵大樹。野豬緊追過去，向大樹猛撞。獵狗盯住野豬又咬又叫。叔叔蹲在樹上，用上衣包起一隻死兎，扔出兩丈多遠，『啪』的一聲掉在地上。野豬以為是人跳下來了，就朝那邊撲了過去。叔叔乘機又是一槍。野豬翻了一個筋斗，倒下不動了。獵狗追上去咬住牠不放。」（七：三十一）

此外，雖然兩岸課本均有「化險爲夷之機智勇氣」的故事，但畢竟與「詐取」不同。大陸一些「以智詐敵」的課文（四：二十七，五：二，六：三十四）尚可歸類爲「機智」，但生物間不帶原則或任何道德目的之爾虞我詐，在低年級教材中亦時而可見（如二：九，三：十九，四：二十三，六：十二，六：十三）。

中國傳統強調和諧，影響所及，臺灣國語課本「敵人」一詞雖共出現過九次，然而其中五次均用於己身德性上的敵人，亦即如不勤加自省思過，則懶惰、骯髒、驕傲、延宕等即會成爲自己敵人（九：八），僅有四次是用於稱呼歷史上的侵略者。反觀受矛盾論支配的大陸語文課本，除「勿對敵人仁慈」主題外，「敵人」一詞使用次數保守估計在六十次左右，尚不包括其他「敵機」、「敵佔領區」等詞彙。

但在另一方面，文化傳統中的一些重要理念，卻也深淺不同地反映在文革後的語文課程裏，譬如力求上進的自發能力、對自然的賞析、自律、利他精神、對弱者的悲憫、毅力執著等等。儒家教育作爲仁之根本的「孝」顯已移轉爲對黨國的忠誠，至於無分畛域「仁」的強調亦遠遜於同志愛的頌揚。課文裏典範人物十一位爲包括列寧、馬克斯、恩格斯等外籍人士，二十位爲中國人，其中僅有六位歷史人物（司馬光、王冕、魯班、張衡、曹冲、李時珍），餘十四位近代人物除生物學者童第周外，皆爲中共政治領導人或黨員。課文中不只一次以道德楷模出現者有周恩來（七次）、列寧（五次）、毛澤東（三次）、朱德（三次）、劉少奇（二次）。

綜括而論，大陸語文教科書意象世界裏荆棘遍佈，字裏行間時而可見流血、爭鬥、死亡、貧困、剝削，以及天地萬物或重大、或微小的矛盾與陰暗。但在同時，透過細膩的觀察描寫，課文中也流露了對弱者與同志深度的關懷及同情。基本上，教育目標似在灌輸孩子們對人間苦難不平的社會意識，繼而愛所當愛，憎所當憎。

四、兩岸語文課本及價值教育之分析比較

以上爲兩岸小學語文教科書的擇要討論，雖格於篇幅無法將兩者時相對照比較，但其間異同應是彼此互映，不言而喻的了。現僅就其主要內容作一總結：由「表七」兩岸教材前十大主題之

表七 兩岸小學語文教材前十大主題及百分比之對比

比重順序		主題	佔課文總數%	
臺灣	大陸		臺灣	大陸
一	二	自然之賞析	一三·一九	一〇·八八
二	一八	倫理親情	一一·三六	一·四
三	七	自律	八·四二	四·二一
四	一一	仁愛	八·〇六	三·一六
五	一	不斷力求上進	六·六	一一·五八
六	一二	堅忍奮鬥之精神	六·二三	三·一六
七	四	愛國情操	五·四九	六·六七
八	一三	身心均衡	四·〇三	三·一六
九	八	公益精神	三·三〇	三·八六
一〇	二二	眞誠友誼	三·〇〇	一·〇五
一二	三	農業及生物知識	二·五六	八·〇七
〇	五	中國共產黨之美德及貢獻	〇	五·二六
〇	六	對中共之忠誠	〇	四·五六
〇	九	舊社會之黑暗險惡	〇	三·一六
一三	一〇	爲國或爲革命所展現之毅力鬥志	二·二	三·一六

對比，可發現兩岸所教導價值觀的共同交集，主要是修身齊家方面的道德法則與行爲準繩。其中自然之賞析、愛國情操、身心均衡、公益精神、爲國或爲革命所展現之毅力鬪志等五項兩岸在比重上甚爲接近。至於自律、仁愛、堅忍奮鬪之精神、眞誠友誼，臺灣的內容比重幾乎均爲大陸的兩倍以上；但在不斷力求上進、農業及生物知識方面，大陸的興趣又遠超乎臺灣。兩岸相去最遠乃至背道而馳的莫過於政治類的價值理念，合佔大陸教材一二・九八%的中國共產黨之美德及貢獻、對中共之忠誠、以及舊社會之黑暗險惡等訊息自是不容見於臺灣的價值體系，但在彼岸卻是名列前茅，分居五、六、九名的重要主題。此外，臺灣教科書掌握了儒家由孝至仁的精髓，獨鍾於倫理親情的培養，其內容比重高達一一・三六%，爲彼岸八倍之多，是另一項重大差異。

以下再就教育學觀點將兩岸教材之異同作進一層的探究歸納，並試尋其在價值學習上的意義與啓示。

(一)雖然大陸課文在人性與社會方面作了不少負面描述，且捨無有階級界限之分的仁，轉而強調特定對象的愛，但基本上，兩岸價值教育所鼓勵的是利他 (altruistic) 無私的精神，人際感情與交往並非着眼於互惠或共同利益，這在道德心理學家 Kohlberg 的理論中早已脫離工具性及社會契約的層次，而臻至以道德法則爲依歸的最高境界。在這樣學習氛圍下耳濡目染成長的孩童，語文教育的成功必也促進道德發展上的優勢。

部分西方學者認爲儒家教育所鼓勵的基本行爲模式，是對父母、長輩、上級等權威人物（authorities）的服從[8]。然仔細深究，儒家人際間的敬從多根源於德性、情感，而非功利考量的職權。兩岸語文教材的典範人物遍及士農工商、販夫走卒（武訓興學），概以品德爲依歸；至於人臣直諫無隱、君主善納忠言的傳統亦反映於課文歷史故事，而這些皆非「服膺權威」所能簡單涵蓋的。因此卽使儒家人際關係眞有所謂階層（hierarchy）之分，也似乎是在仁愛的基礎上，由道德情愫及教育需要來定彼此分位，譬如德性典範向爲謙謙學子所仰望敬重，而老弱貧困則是關懷焦點與社會資源分配的優先所在。

也有人以爲孝道是所謂中國人威權性格的濫觴，但自發展心理學來看，孝思孝行鼓勵、強化（reinforce）非自我的感情投入，這種無私的關愛自幼年起卽帶動利他行爲，並進而成爲性格、行事上的恆久模式[9]。近代愈來愈多教育心理學者發現人類道德發展，實乃奠基於幼年親子間的愛敬以及責任感的培養[10]，可見「立愛自親始」，儒家由孝至仁是有其學理根據的。臺灣國語課本雖特重倫理親情，然而大陸教材孝愛的理念卻明顯荒廢，這其間教育得失是極其深遠的。

（二）雖然大陸教材政黨的意識遠高於家庭、學校等社會團體，但就人與羣體的關係而言，兩岸教科書均致力融大我於小我，將個人的快樂成就，和社會責任合而爲一。

西方心理學者佛洛依德（Freud）認爲個人與社會基本上是對立的，而人類文明實乃壓抑了個人本能的快樂，因此主張鬆解社會制約所帶來的挾控苦悶[11]。但另方面法國社會學家涂爾幹

(Durkheim) 卻會指出，如果將社會所賦與個人的一一褪除，則人類不過縮減至一堆感官(sensations)而已。因此自教育觀點而言，「社會」激勵人們超越自我，是人類道德的根本源頭，也是提昇小我的憑藉所在⑫。至於儒家則視個人、社會、自然界爲宇宙天地「道」的合體，形態或有殊異，但本質上卻屬諧和同源而非對立衝突的。

臺灣教材承繼了這項文化理念，努力將個人與社會融於一爐；大陸雖突顯舊社會的對立矛盾，但也冀望新制度中個人和集體的休戚與共。這樣的教育內容潛移默化之下，對學生品格發展及道德思維均有重大影響。理論上，一個「大我」「小我」不截然二分的人，在道德實踐上「理」「情」的分距也相對縮小，其道德判斷既非僅止於純粹理性或義務意識，也非感情化地不論原則，而是即情即理的兼容並顧。

(三) 就臺灣價值觀教育而言，所面臨的主要考驗是如何因應課本理想與社會現實的差距。儒家重義輕利，個人價值傳統上是以品德涵養來衡量，爲一內求的境界；但在高度商業化的現代，「利」卻成爲成功的指標與追求動機，面臨這樣一種生命情調的迥異，有人不免質疑書中的古典理想是否仍能積極發揮其教育功效？社會上的功利主義究竟帶給教室內的價值學習多少影響？

首先應須了解的是：價值的建立是否取決於外在環境，也就是價值觀的學習與社會行爲是否仰賴外在的反饋 (feedback)？

心理學的文獻顯示，人類有些行爲固需長期仰賴外在刺激的輸入 (stimulus input)，如獎勵懲罰等回應，方能保持作用，然而有的並不需要[13]。另方面研究也指出，幼兒的社會行爲起初是較依附於外在環境，但在相當程度上逐漸受制於內在轄治系統（internal monitors），而趨獨立[14]。綜合上述資料及現階段教育心理學的共識，可發現幼年是價值塑造與人格發展的關鍵，如果家庭、學校、社會能通力合作，在這段時期紮實地建立起理想的價值體系，則無論日後澆薄的世道人心或社會結構如何獎懲回應學生的行爲，這些幼年信守的價值理念，都將是其生活行動的內在準繩。反之，家庭、學校及社會如果各行其是，價值概念間又彼此衝突、互相抵制，則學童不但當時難以內化（internalize）這些道德理念，更遑論信守終生了。一旦缺乏穩定一致的價值系統作爲內在依據，待人行事也就不免受感官物欲及世風左右而隨波逐流了。

由是可知典範現實間差距的憂慮固有其根據，但似乎忽略了「人能弘道」，人爲道德主體的事實。儒家價值體系有古今同夢的理想，也有無法降轉的爲人準則，因此與其在幼童的價值培養過程中過度地預設、爭辯各種可能的價值衝突（如「孝」與「法」的取捨，「仁」與「義」的衡量），何不先致主力以不變的古今情操來薰育一個可馭萬變的高貴心靈，再由完美的人格——而非完美的法則——在不同的眞實情境中作出最佳的道德抉擇。

研究課程的中美學者，不約而同的意識到現代社會德育的複雜，及其不可規避的重要。McNeil 認爲縱使價值觀及德育的理論各家分歧，但課程設計的基本原則應是恆加強調對人的尊重，並讓學生了解各種道德法則所可能產生的利弊[15]。司琦先生曾指出課程兼具「傳遞」與「指導」的文化功能[16]，如何在尊重個人選擇的多元社會裏，有效地善盡教育「提昇」的職責，確屬今日教育一大挑戰。

（四）經歷了急遽的政治及社會變遷，大陸價值教育最根本的問題，是如何在唯物、衝突導向的馬列主義，與唯心、諧衡導向 (equilibrium-oriented) 的中國文化傳統間，尋得一理想的價值及行為座標。文革前、文革中，主政者將傳統文化貶為「封建餘毒」，現雖一反過去敵視態度，主張「去其糟粕，吸取精華」，開始於語文教材中選用古文古詩，並選擇性地恢復一些固有道德，但問題是：在長期反傳統下生長的學生該如何重新服膺這些「小資產階級」的思想呢？

將政黨與道德合而為一的潛存危險是可能在同時失去兩者。大陸當局向將政治領導塑造為人民的精神楷模，卻忽略了如此無疑是使內在的道德歸依受制於外在環境，更何況政治本質上即是波浮不定的。Durkheim 曾指出，古今中外人類各式的宗教均發源於追求神聖 (the sacred)、嚮往絕對 (the absolute)、及建立道德社區 (moral community) 的內在需求[17]。果若神聖與絕對，和宗教及道德信仰，存有某種內在聯繫，則無怪乎大批大陸青年於文革理想幻滅後，轉趨於道德虛無論[18]。可起認同作用的角色楷模在青少年的道德發展上意義重大，然而現今語文教材的人物典範卻多歷經政治運動的鞭撻貶抑，這對學生道德價值的確立似乎是弊多於利。

Smelser 在其集體行為的理論中，將「價值」(values)、「規範」(norms)、「角色或組織」(role or organization)、及「情況設施」(situational facilities) 作了四種不同層

次的劃分。其中個人對「價值」的態度是以信徒的忠誠作全心的付託，是信仰式的遵從恪守；而面對「角色或組織」（如黨員與政黨的關係），則爲責任與忠貞[19]。Smelser的分類固然反映了西方式的思維模式，將事物作層次領域的截分，但若應用於價值教育，或可廓清「道德價值」與「政治意識」上的一些扞格不入。目前大陸將隸屬政黨組織層次之理念，強行納入道德領域的教育政策，不但難使學生認同前者，更由於領域混淆而也影響到後者的學習。解決之道一言以蔽之，卽在於讓「道德的歸道德，政治的歸政治」，還道德教育純粹無雜的本質，否則兩者勢將永遠牽絆。康德（Kant）曾云，「道德表現的愈純粹，對人心的力量也就愈大」[20]，海峽兩岸於此似可多加考量。

（五）臺灣教科書以諧衡爲導向，負面材料僅作爲正面理念的背景，輕描淡寫掠過。大陸則集中筆墨，語句強烈，愛恨鮮明，而暴力衝突更是時有所見。前者萬物和樂，議者以爲不能反映社會人性的豐厚層面，因失眞而失效。後者誠然將人生百態俱陳，但對學童心靈又可能發生何種影響呢？以下將試從教育觀點探討兩岸所分別代表的教材風格：

首先，培育孩童一種無分畛域的人類共同感，而不區分種族階級，是現代教育心理學者咸有的共識。對「人」普遍而正面的評估有助於人格與親衆行爲（pro-social behavior）的發展；反之，對人性持負面的詮釋，或是區分「我（們）」「他（們）」、貶抑某一團體或族裔的人們，都易使孩童性格上滋生敵意或猜忌。因此教導孩童宜在其社會化過程中（socialization process）極力擴展「我（們）」的領域，盡量縮減「他（們）」的範疇[21]。

其次，教育上正面的經驗，譬如信、望、愛、恕，遠比恨怨等負面情緒，更能引發互愛互助。大陸教材突顯生民百姓的萬般無奈，原意無非是喚醒意識，克除人性厚己薄人的傾向，進而發揮天下一家的奉獻熱忱。然而教育心理學的研究顯示，令人質疑自我價值與主宰能力的負面經驗（譬如被輕視、排斥、剝削等等），因爲影響到基本自尊，而只會促使人更加專注於己身，重視一己之福利；因此輕者冷漠，重者甚且流於以牙還牙的仇恨心態。反之，正面經驗恆能加強仁愛與人際共同感，由於人、我渾然爲一，而非衝突對立，因此自然而然傾向愛人如己的理想境界[22]。

大陸文革前後均有「學雷鋒」的思想運動，根據大陸報載，雷鋒在日記中曾如此寫著：

> 「對待同志——春天般溫暖，工作：夏天般火熱，
> 個人主義——秋風掃落葉，敵人：嚴冬一樣殘酷無情。」

雷鋒的話語正也反映了大陸語文教材中敵我的涇渭分明，癥結就在於：自發展心理學來看，對他類的恨，是否有可能轉化爲持續穩定的，對我類的愛呢？

當各個國度的子民仰望星空時，他們也許都會像康德一樣，對宇宙及內心的道德律法肅然起敬；然而不同的文化又各有其不同的態度對待這些內在律法。

儒家特意自年幼培育那些最難達成而又最爲需要的道德情操：人難免厚己薄他之弊，而「利」最易模糊視野判斷，故鍥而不捨在「仁愛」與「公義」上仔細栽培。經由教育培養仁人君子，再由成德君子致力社會大同的理想，一代傳遞一代；千年歲月流轉，中國人的夢想執著非但不會放棄，反透過完整的教育網絡，在一些華人社會裏制度化了。

五、結　語

任何美德皆非承繼而來，人類或許與生俱備仁義禮智的善端，然要將此潛存善性充分開展，就全賴教育上循序以進的悉心引領。在德性培養方面，孟子強調「先立乎其大者，則其小者不能奪也」㉓，亦即先確立了本質中高潔的一面，則人性中的感官私欲也就莫可奈何，無從作用了。基督教《聖經》亦指出：「教養孩童，使他走當行的道，就是到老他也不偏離」㉔，凡此皆說明及時善教的可貴。面對純眞而又充滿無限可能的孩童，我們在價值上該如何啓蒙？是呈現人情世故的眞實全貌，還是先淡去那較爲陰暗的層面？是否有些負面意念對童眞的心靈有不可逆轉(irreversible)的影響？在價值課程設計上，是否應從教育心理的角度來作時序比重的有效規劃，譬如「正面」先於「負面」、「義務」先於「權利」、「利他」先於「互惠」、「自省」多於「批判」、「內求」多於「外求」等等？我們該以社會的既有組織價值教育，還是以價值教育提昇既有？既有是依據誰的角度詮釋，而提昇又是由誰來作方向層次上的定奪呢？

眼前的文獻資料或許無法提供所有的答案，但能肯定的是：兒童有權利去汲取那些最能發展人類潛能的價值理念，也有權去追求毫無畛域偏見之分的開闊境界。上一代的怨嘆不平可交付歷史，可留待子孫成年，但不必在人生起步即遮蓋他們一生的心胸視野。如何將成人世界的種種不完善，經由教育，轉化爲孩子心靈上追求完善的動力，應是海峽兩岸共同努力的教育目標，爲此我們或許都該摒棄成見，謙遜地反省深思。

注釋：

❶ Milton Rokeach, *The Nature of Human Values*. New York: The Free Press, 1973.

❷ 此三種分類及主副題的統計模式是延用 Charles Price Ridley 的方法，見 *The Making of A Model Citizen in Communist China*. Stanford: The Hoover Institution Press, 1971.

❸ 爲進行兩項語文教材研究，筆者自八四年起數次前往國立編譯館搜集資料，並得閱珍貴的民初舊版課本。在此特別感謝司琦教授及 John Hawkins 教授的指導，熊先舉館長、曾濟群館長、黃發策主任及謝福生主任的熱誠協助。

❹ 第八册第六課，括號內數目分別代表課本册數及課數，以下亦同。

❺ 西方學者在分析中文教科書時，常將孝與親情減化爲訓練幼童對家人的效忠，而忽略了儒家由孝而仁善推的工夫，以及齊家後治國平天下的使命感，是文化詮釋上的不足。例如Ridley, et al, *The Making of A Model Citizen in Communist China*, pp. 139-40, p. 202. Richard Solomon, "Educational Themes in China's Changing Culture", *China Quarterly*, No. 22, 1965, p. 157.

❻ 《論語・雍也》六篇十八章，子曰：「知之者不如好之者，好之者不如樂之者。」

❼ 關於儒家道德哲學的分析，可讀唐君毅先生、錢穆先生、牟宗三先生等諸位大師豐富的論著。此外，Charles Moore 一九六七年曾編 *The Chinese Mind*，搜集有陳榮捷先生、方東美先生、謝幼偉先生、吳經熊先生、梅貽寶先生等佳作，由夏威夷大學東西文化中心出版（中文譯本《中國人的心靈》八四年由聯經出版）。至於從中美比較文化觀點探討儒家理念，可參考余英時先生《中國思想傳統的現代詮釋》，臺北，聯經，民國七十六年；杜維明先生《儒學第三期發展的前景問題》，臺北，聯經，民國七十八年。有關儒家教育哲學的探討，可參閱賈馥茗先生的系列著作，如〈從「學」、「庸」中所見的教育「準則」和「情懷」〉，《師大教育研究所集刊》第十九輯，頁一至十三。

❽ 例如 Arthur F. Wright, "Values, Roles, and Personalities", *Confucian Personalities*. California: Stanford University Press, 1962.

❾ 楊國樞先生從心理學出發，曾將傳統孝道作一系列的探討，如〈中國人孝道的概念分析〉，載於《中國人的心理》，臺北，桂冠，一九八九年；楊國樞先生與葉光輝先生，〈孝道的心理學研究：理論、方法

及發現＞，載於《中國人，中國心：傳統篇》，臺北，遠流，頁一九三至二五九。至於有關孝道對德育的貢獻，可參閱拙著＜試從教育心理學看孝的觀念＞，臺北中央圖書館漢學研究中心主辦之「中國人的價值觀國際研討會」論文集，臺北，漢學研究中心，一九九二年。

❿ 例如 Beatrice B. Whiting & John W. M. Whiting的經典之作：*Children of Six Cultures*. Cambridge: Harvard University Press, 1975; 或是 William Damon 的近作，*The Moral Child*. New York: The Free Press, 1988.

⓫ Sigmund Freud, *Civilizations and Its Discontents*. New York: W. W. Norton & Company, 1961, pp. 36–48.

⓬ Emile Durkheim, *Sociology and Philosophy,* translated by D. F. Pocock. New York: The Free Press, 1974, p. 55.

⓭ Jacob L. Gewirtz, "Mechanisms of Social Learning: Some Roles of Stimulation and Behavior in Early Human Development", *Handbook of Socialization Theory and Research,* edited by David A Goslin. Chicago: Rand McNally and Company, 1969, pp. 78–79 & p. 114–15.

⓮ Justin Aronfreed, "The Concept of Internalization", *Handbook of Socialization Theory and Research,* p. 263.

⓯ John D. McNeil, *Curriculum*. Boston: Little, Brown and Company, 1981, p. 245.

⑯ 司琦先生，《課程導論》，臺北，五南圖書出版公司，民國七十八年，頁一〇三。

⑰ Durkheim, *The Elementary Forms of the Religious Life.* New York: The Free Press, 1965, pp. 13-63.

⑱ 有關大陸教育的結構、課程的政治背景、及青少年政治層次的社化，可參考 John N. Hawkins, *Education and Social Change in the People's Republic of China.* New York: Praeger Publishers, 1983.

⑲ Neil J. Smelser, *Theory of Collective Behavior.* New York: The Free Press, 1962, p. 30.

⑳ Immanuel Kant, *Critique of Practical Reason,* translated by Lewis White Beck. Indianapolis: The Bobbs-Merrill Company, Inc., 1956, p. 160.

㉑ Ervin Staub, *Positive Social Behavior and Morality,* Vols. 1 & 2. New York: Academic Press, 1978.

㉒ 同上，Vol. 1, p. 297 & p. 300.

㉓ 《孟子・告子上》十五章。

㉔ 《箴言》二十二章六節。

人社叢刊之十三

國中生提前學習英語對其在校成績及學習能力影響之研究

張芳杰
黃自來

作者簡介

張芳杰先生，山東省濟南人，民國十六年生。國立東北大學外文系畢業，曾三度留學美國哈佛大學、夏威夷大學及德州大學進修，並獲美國加州聯合大學榮譽博士學位。四十二年起任教國立師範大學，後兼任英語系主任、英語研究所所長、中山大學外文系主任、國立臺灣師範大學文學院院長、人文教育研究中心主任。現任文化大學外國語文學院院長、教育部人文及社會學科教育指導委員會研究委員兼外國語文學科組主持人。張氏執教三十餘年，致力於國內英語教學，數度主持中學英語課程標準之修訂，並擔任國立編譯館高中及國中英語教本編審委員會主任委員；課餘從事譯述及字典編輯工作，主編之《牛津高級雙解辭典》、《國際英漢大辭典》及《遠東漢英大辭典》卽新近問世者。

作者簡介

黃自來先生，臺灣省澎湖縣人，民國二十八年生。國立臺灣師範大學英語系畢業，美國南伊利諾大學碩士、哲學博士。歷任國立臺灣師範大學英語系助教、講師、副教授、教授、系主任、英研所所長及臺大、輔大、東吳兼任副教授、教授。敬業敬職；主張加強學生英語文聽、説、讀、寫四種基本能力之訓練，力求英語文教學在語言學、語文教學及文學三種知識領域的融會貫通並力倡中西學術文化之交流。課餘並擔任師範院校英語課程及各級中學英語文課程標準修訂委員兼召集人、國立編譯館高國中英語文教材編輯委員及執筆人、教育部人文及社會學科教育指導委員會研究委員兼高級職校英文學科主持人。

民國七十四年，黃教授赴英國倫敦大學擔任客座高級研究員，並獲選為英國劍橋之「國際教育名人錄」，七十五年赴劍橋大學擔任客座教授，七十七年夏天赴美國伊利諾大學擔任研究教授，先後出版之中英文著述有《中英文情態助動詞之對比分析》、《最新理解英文法》、《美式與英式英語》、《英漢理論及應用語言學辭典》、《英文文法教導》、《英語語言史導讀》、《應用語言學與英語教學》、《英語教學新象》等，另英語文教學方法、理論及應用之論文多篇散見各學術刊物。

國中生提前學習英語對其在校成績及學習能力影響之研究

張芳杰
黃自來

一、研究緣起

國內兒童提前學英語風氣之盛行是有目共睹，大至連鎖企業化經營的語言中心，小至街頭巷尾家敎式的補習班，無不充塞著許多國小學童。當敎育界人士仍在熱切地討論是否應提前在小學階段實施英語課程時，許多家長已經等不及先讓孩子「偸跑」了。

許多父母以爲讓孩子「早學」、「多學」一定有益，甚至送孩子到最貴（卻不一定最好）的補習班，期望孩子在不斷地薫陶下能有更強的競爭力。

然而，提前學習英語眞的能在孩童將來的語文表現上助其一臂之力嗎？提前學英語的收效有多大呢？什麼是影響學生學習能力及興趣的主要因素呢？本研究報告係根據實證法，整理及分析各項蒐集的統計資料，以期解決上述的疑點，澄淸有關學習英語的部分誤解及觀念。

二、相關文獻探討

經過幾世紀的觀察與省思，一般人似乎認爲年紀越大，學習新語言愈難，但提早學習英語的經驗，並沒有提供絕對有利的證據。因此，年齡在學習第二語言上一直就是一個爭論不休的問題。研究這個問題的方法，從持有審愼懷疑的態度到不加批評地全然接受。前者受到嚴謹的觀察和實證，而後者自明地正確陳述現象。以下略述年齡因素在學習第二語言的論說。

年齡與習得語言之關係有各種不同的論說，但綜合起來可分爲七大範疇：

(一)聽覺銳敏

1.青少年時期聽覺銳敏度退化，因而削弱語言學習能力，此種說法是不正確，因爲證據顯示，在學習初期，至少青少年辨識母語，缺少語音之能力比兒童強。(Hand, 1973)

2.老年人聽力衰退，這個事實有助於解釋爲何年長者在學習聽與說方面特別困難。(Brandle, 1986)

3.視力衰退也可解釋年長者學習第二語言所遭遇的困難。(Joiner, 1982)

(二)語言競爭

1.從語言學習而言，行爲學派認爲第一語言早已建立的習慣會阻礙第二語言的養成。此種詮

釋過度強調負面的轉移（干擾），同時又忽視了青少年之後表現比兒童優異的證據。（Bever, 1981）

2.兒童同時學習二種語言時，同時學習二種不同的語音系統，而青少年卻以一種語言的語音系統來「詮釋」另一種語音系統。此種假說並沒有充分的證據。（Flege, 1981）

3.「平衡效應假說」（balance-effect hypothesis）認爲，早學第二語言會傷害第一語言，但最近的研究報告對雙語教育大多持肯定的態度。（Swain and Lapkin, 1982）

㈢神經語言

1.神經語言學家賓費爾德（Penfield）認爲，一個人在十歲之後，大腦可塑性逐漸減退，在這段時期學習語言不是「生理的機制」（unphysiological mechanism），但面臨學習第二語言學習成效卓著的實例，此種說法不具說服力。（Newmark and Reibel, 1968）

2.語言學家雷納堡（Lenneberg）認爲青春期結束時的語言學習關鍵期（critical period）與大腦語言功用的「邊化作用」（lateralization）相關，但研究大腦與語言的關係所發現的證據顯示，邊化作用實際上早在青春期之前已完成。邊化作用並沒有絕對性，大腦的左右兩葉沒有階段性的語言學習。語言習得研究的證據也顯示，語言學習的時間與關鍵期的假說相反。（Krashen, 1973; Kinsbournes, 1975; Entus, 1977; Woods, 1980; Zaidel, 1983）

3.大腦在五歲起就開始邊化作用，不同年齡習得的語言技能與不同成長階段不同神經原之類

型有關，但此種推測又與語言習得之研究結果相反。(Walsh's Diller, 1981; Diller, 1981)

(四)認知發展

1.心理學家皮亞傑（Piaget）解說兒童語言發生是結合感覺神經、中樞神經和運動神經，三者連成一起，這是一種感覺運動過程（sensor-motor process）。此種過程是學習技能的基礎，但此種解說缺乏有力的證據。(Boden, 1979)

2.認定語言學習能力在青春期會減弱是與皮亞傑的形式運思期（認知發展的最後時期）有關，其實，論據分歧。有關認知發展與語言學習能力之推測似乎不正確。(Harley, 1986)

3.認知發展有助於語言學習，在直覺上，似乎令人感興趣，但到底哪些語言技能是成長後期較易學得？這是個難題，常引起爭論。(Cummins and Swain, 1986)

(五)情意動機

1.形式運思期的自我意識和情緒反應對語言學習有害。兒童學習語言，情感障礙少，不會妨害母語的水準，但對成年人而言，情感障礙較大會影響到母語的水準。(Krashen, 1985)

2.愈早學愈好的假說（Youth＝better's hypothesis），並沒有充分的證據，不同的學習者各有不同的表現。(Schumann, 1975)

3.提供正確的情意條件，成年人也會成爲成功的語言學習者。(Guiora, 1972)

4.兒童容易適應環境，但成年人學習第二語言失敗的原因，在於社會和心理上的差距。

(Schumann, 1978)

（六）語言輸入

1. 行為學派認為兒童一說出話來，照顧他的人會選擇性的增強其話語，但依據同樣的方法學習第二語言，卻無法提供固定且與年齡有關的言談次序和語言資源。(Skinner, 1957)

2. 非行為學派者強調兒童與其照顧者之間的互動，可獲得比成年人更多的語言理解力和流利度，因為兒童一開始就以遊戲和活動來學習語言。(Asher, 1981)

3. 成年人學習成效「領先」兒童，是因為輸入語言切合需求，而年齡與學習成就的研究，是依輸入兒童和成年人語言的少數發現為論據，以及這些差異對學習的影響。(Scarcella and Higa, 1982)

（七）認知與應用失調

成年人學習語言較不利的原因是，語言處理系統與邊化語言知識之間的溝通管道已經發生故障。此種假說係依據處理語言習得的部分證據，而聲稱年齡與語言習得有關的不正確論說。(Bever, 1981)

以上略述各家對年齡與語言習得的觀點，可說衆說紛紜、莫衷一是。這正印證了英國劇作家王爾德 (Oscar Wide, 1854-1900) 的名言：「永無絕對的眞理」(Truth is never simple and pure)。兒童學習母語可確定的里程碑是，依可預測的程序和正常發展的年齡在進行，在第二語言習得方面，兒童在各種語言層面和各種階段比成年人優越的說法，不再爲人所接受。第二語言習得的成效涉及許多的因素，而不單是年齡而已。

三、研究方法

(一)研究對象

本研究的研究對象，是七十八學年度第二學期就讀於臺北市國立師大附中、介壽國中、仁愛國中、金華國中，臺中市居仁國中及高雄市師大附中的國三一段班學生。每校各抽出兩班，共計男生三〇七人、女生一四六人，經施筆試、聽力測驗及問卷。除了少數學生漏答或拒答部分試題外，問卷資料大體完整且可信，此研究之撰寫即以英語試題的成績及問卷統計資料爲依據。

(二)研究工具

本研究使用之工具爲研究者自己設計之「英語綜合測驗」及「學習經驗與態度問卷」（請參閱附錄）。綜合測驗分「聽力測驗」、「會話測驗」及「綜合測驗」三大部分，每部分共十題。學習經驗與態度閱卷共十一題。試以了解(1)提前學英語能否在兒童將來語文表現上助其一臂之力？(2)提前學英語的收效有多大？(3)什麼是影響學生學習能力及興趣的主要因素等。

四、資料分析與統計

本文資料的顯著水準以SAS(Statistical Analysis System)系統做卡方（Chi-square）檢定求得，（不過表17中的少部分資料，因爲不適合用卡方檢定，改以費雪爾正確概率考驗(Fisher's exact probability test)。對於人數分配太少（少於一〇或五）的細格（cell）則視情況而與左邊或右邊的組合併，以求出更精確的統計量數。各表中的合併情形，均明確表達於各表。

統計之顯著水準設定爲〇．〇五（即α＝〇．〇五）。若P值（Prob）大於〇．〇五，則未達顯著水準，也就是接受考驗的各組沒有顯著的差別。若P值小於〇．〇五則差異達顯著水準。卡方值（value），自由度（DF），犯錯概率P（Prob）值分別記載在各表下方。*Prob＜〇．〇五；**Prob＜〇．〇一；***Prob＜〇．〇〇一。

各表的總計人數不盡相同，是因爲部分國中生漏寫題目或拒絕作答。

1.下表爲分析學生在問卷中作答之情形，以探討學生是否提前學英語與國一剛學英語時對英語感興趣的程度之間的關係，結果顯示兩者關係顯著。再由數字分布比例看來，提前學英語的同學國一時對英語較有興趣。

	非常相當	一點	完全沒有	總計
是	九七	一○八	七八	一九	三○二
否	三五	四七	四六	一八	一四六
總計	一三二	一五五	一二四	三七	四四八

自由度	卡方值	P
三	八・○七○	○・○四五

樣本大小＝四四八

2.下表爲分析學生是否提前學英語及現在對英語感與趣程度相互關係，結果顯示兩者關係不顯著。

	非常	相當	一點	完全沒有	總計
是	三七	八五	一三二	三九	二九三
否	一五	四四	五七	二七	一四三
總計	五二	一二九	一八九	六六	四三六

自由度	卡方值	P
三	三・○三六	○・三八六

樣本大小＝四三六

著。

3.下表分析學生是否提前學習英語與對英語重要性的看法之間的關係，結果顯示關係不顯

	非常	相當	一點（合併為一組）	全無（合併為一組）	總計
是	一八四	八一	二九	五	二九九
否	七九	五〇	一〇	七	一四六
總計	二六三	一三一	三九	一二	四四五

自由度	卡方值	P
二	二·六二九	〇·二六九

樣本大小＝四四五

4.下表分析學生是否提前學英語與上學期英語學科成績之間的關係，結果是兩者關係不顯著。

	九〇分以上	八〇分以上	七〇分以上	六〇分以上	五〇分以上	五〇分以下	
是	七二	八八	七二	三四	三〇	五	三〇一
					合併為一組		
否	三三	四〇	四一	一〇	二〇	二	一四六
					合併為一組		
總計	一〇五	一二八	一一三	四四	五〇	七	四四七

自由度	卡方值	P
四	三・七五〇	〇・四四一

樣本大小＝四四七

5.下表分析是否提前學習英語與自認需加強聽說讀寫能力之間的關係，結果顯示兩者有著顯著的關係。

	聽	說	讀	寫	文法	生字	發音	總計
是	一八六	一七五	七〇	一〇五	二一四	九三	一五一	九九四
否	一〇九	七六	四四	四二	九二	八六	八五	五三四
總計	二九五	二五一	一一四	一四七	三〇六	一七九	二三六	一五二八

自由度	卡方值	P
六	二三·〇五六	〇·〇〇一

樣本大小＝一五二八

由此例看來，提前學英語的學生自認最需加強的爲文法，自認最好的是閱讀方面；沒有提前學英語的同學明顯地則聽力較差，而自認在寫方面最滿意。

6.下表分析是否在國中階段，課外補習英語與國一時對英語感興趣的程度之間的關係，結果顯示兩者關係不顯著。

	非常	相當	一點	全無	總計
是	五五	五二	四三	一〇	一六〇
否	七七	一〇三	八〇	二七	二八七
總計	一三二	一五五	一二三	三七	四四七

自由度	卡方值	P
三	三·五九六	〇·三〇九

樣本大小＝四四七

7.下表分析是否課外補習英語與現在對英語的興趣之間的關係，結果顯示兩者關係極不顯著。

	非常	相當	一點	全無	總計
是	二三	四六	六八	二〇	一五六
否	三〇	八三	一二一	四六	二八〇
總計	五三	一二九	一八九	六六	四三六

自由度	卡方值	P
三	一・八三〇	〇・六〇八

樣本大小＝四三六

8.下表分析是否課外補習英語與現在對英語重要性看法之間的關係，結果顯示兩者關係顯著，課外補習英語的學生興趣高過無課外補習的學生。

	非常	相當	一點	全無	總計
是	一〇六	四四	一〇（合併為一組）	一（合併為一組）	一六一
否	一五七	八七	二九（合併為一組）	一一（合併為一組）	二八四
總計	二六三	一三一	三九	一二	四四五

自由度	卡方值	P
二	七·〇三四	〇·〇三〇

樣本大小＝四四五

9. 下表分析是否課外補習英語與上學期英語學科成績之間的關係，結果顯示兩者關係不顯著。

	九〇分以上	八〇分以上	七〇分以上	六〇分以上	五〇分以上	五〇分以下	總計
是	三三	五〇	四二	一八	二三（合併為一組）	一	一六七
否	七二	七〇	七一	二六	二七（合併為一組）	六	二八〇
總計	一〇五	一二八	一一三	四四	五〇	七	四四七

自由度	卡方值	P
四	二・五二四	〇・六四〇

樣本大小＝四四七

10.下表分析學生是否課外補習英語與其自認需加強的能力之間的關係，結果顯示兩者關係不顯著。

	聽	說	讀	寫	文法	生字	發音	總計
是	一一四	七六	三六	四二	一〇一	五三	八六	五〇八
否	一八一	一七五	七八	一〇五	二〇五	一二六	一五〇	一〇二〇
總計	二九六	二五一	一一四	一四七	三〇六	一七九	二三六	一五二八

自由度	卡方值	P
六	八・六一九	〇・一九六

樣本大小＝一五二八

有趣的是，此處，課外補習英語的同學最自認不足的爲聽力，最滿意仍爲閱讀；而沒有課外補習的同學最感不足的爲文法，最自豪的乃是閱讀能力。

11.下表分析男女性別差異與國一剛學英語時的感與趣程度的關係。其差異在曾提前學英語的女生與未曾提前學英語的男生之間較大，其餘各組則不甚明顯。也就是未提前學英語的男生，對英語的興趣顯然低於提前學習英語的女生。

(1)全部男生與全部女生

	非常	相當	一點	全無	總計
男	八一	一〇六	九〇	二八	三〇五
			合併為一組考驗		
女	五一	四九	三四	九	一四三
			合併為一組考驗		
總計	一三二	一五五	一二四	三七	四四八

自由度	卡方值	P
二	二·七五九	〇·〇九三

樣本大小＝四四八

(2)男提前與男未提前

	非常	相當	一點	全無	總計
男提前	五八	六八	五六	一五	一九七
男未提前	二三	三八	三四	一三	一○八
總計	八一	一○六	九○	二八	三○五

自由度	卡方值	P
三	三·四五九	○·三二六

樣本大小＝三○五

(3)女提前與女未提前

	非常	相當	一點	全無	總計
女提前	三九	三九	二三	四	一〇五
女未提前	一二	一〇	一一	五	三八
總計	五一	四九	三四	九	一四三

（一點與全無合併為一組考驗）

自由度	卡方值	P
二	三・六九〇	〇・一五八

樣本大小＝一四三

(4)男是與女是

	非常	相當	一點	全無	總計
男是	五八	六八	五六	一五	一九七
			合併為一組考驗		
女是	三九	三九	二三	四	一○五
			合併為一組考驗		
總計	九七	一○七	七九	一九	三○二

自由度	卡方值	P
二	三·六四九	○·一六一

樣本大小＝三○二

(5)男否與女否

	非常	相當	一點	全無	總計
男否	二三	三八	三四	一三	一〇八
女否	一二	一〇	一〇	五	三八
總計	三五	四八	四八	一八	一四六

（一點、全無兩欄：男否合併為一組考驗；女否合併為一組考驗）

自由度	卡方值	P
二	一·九二五	〇·三八二

樣本大小＝一四六

(6)男是與女否

	非常	相當	一點	全無	總計
男是	五八	六八	五六（合併為一組考驗）	一五（合併為一組考驗）	一九七
女否	一二	一〇	一一（合併為一組考驗）	五（合併為一組考驗）	三八
總計	七〇	七八	六七	二〇	二三五

自由度	卡方值	P
二	一·〇一一	〇·六〇三

樣本大小＝一四六

(7)男否與女是

	非常	相當	一點	全無	總計
男否	二三	三八	三四	一三	一○八
			合併為一組考驗		
女是	三九	三九	二三	四	一○五
			合併為一組考驗		
總計	六二	七七	五七	一七	二一三

自由度	卡方值	P
二	九・五○七	○・○○九

樣本大小＝二一三

12.下表分析男女性別差異及提前學英語與否與現在受試者對英文的興趣之間的關係。由上列的分析方法得知，不論男女，是否提前學英語與現在對英語的興趣皆無顯著的關係。

(1)全部男女學生

	非常	相當	一點	全無	總計
男	二九 九・五七	八九 二九・三七	一三七 四五・二二	四八 一五・八四	三〇三
女	二六 一八・一八	四一 二八・六七	五八 四〇・五六	一八 一二・五九	一四三
總計	五五	一三〇	一九五	六六	四四六

自由度	卡方值	P
三	七・〇三四	〇・〇七一

樣本大小＝四四六

無論提前與否，整體上而言，男女對英語感興趣程度差異不大。

(2)男提前與男未提前

	非常	相當	一點	全無	總計
是	二一	五五	九三	二八	一九七
	三八・五八		四七・二一	一四・二一	
否	八	三四	四四	二〇	一〇六
	三九・六二		四一・五一	一八・八七	
總計	一一八		一三七	四八	三〇三

自由度	卡方值	P
二	一・四五七	〇・四八三

樣本大小＝一四三

此處顯示提前學習英語與否不影響男生現在對英語興趣的程度。

(3)女提前與女未提前

	非常相當			一點全無			總計
	非常	相當		一點	全無		
是	一八	三一	四五・七九	四七	一一	五四・二一	一〇七
否	八	一〇	五〇・〇〇	一一	七	五〇・〇〇	三六
總計	六七			七六			一四三

自由度	卡方值	P
一	〇・一九一	〇・六六二

樣本大小＝一四三

本統計顯示，提前與否與女生對英語感興趣程度沒有影響。

(4)全部男女學生

	非常	相當	一點	全無	總計
男	二一 一〇・六六	五五 二七・九二	九三 四七・二二	二八 一四・二二	一九七
女	一八 一六・八二	三一 二八・九七	四七 四三・九三	一一 一〇・二八	一〇七
總計	三九	八六	一四〇	三九	三〇四

自由度	卡方值	P
三	三・〇七八	〇・三八〇

樣本大小＝三〇四

此處顯示對提早學習英語的學生來說，性別差異與其對英語興趣間的關係不顯著。

(5)男未提前與女提前

	非常相當			一點		全無		總計
男未	八	三四	三九·六二	四四	四一·五一	二〇	一八·八七	一〇六
女是	一八	三一	四五·七九	四七	四三·九三	一一	一〇·二八	一〇七
總計	九一			九一		三一		二一三

自由度	卡方值	P
二	三·二四六	〇·一九七

樣本大小＝二一三

此處亦顯示，曾提前學英語的女生與未曾提前學英語的男生對英語感興趣的程度，差異亦不大。

(6)男未提前與女未提前

		非常	相當	一點	全無	總計
男	否	八	三四	四四	二〇	一〇六
		三九·六二		六〇·三八		
女	否	八	一〇	一一	七	三六
		五〇·〇〇		五〇·〇〇		
總計		六〇		八二		一四二

自由度	卡方值	P
一	一·一八六	〇·二七六

樣本大小＝一四二

對未曾提前學習英語的學生，性別差異與其目前對英語感興趣之關係不顯著。

(7)男提前與女未提前

	非常相當			一點全無			總計
男是	二一	五五	三八·五八	九三	二八	六一·四二	一九七
女否	八	一〇	五〇·〇〇	二一	七	五〇·〇〇	三六
總計	九四			一三九			二三三

自由度	卡方值	P
一	一·六五〇	〇·一九九

樣本大小＝二三三

此處顯示，曾提前學習英語的男生與未曾提前學英語的女生對英語的興趣差異不大。

由以上分析得知，不論提前學習與否，男女學生目前對英語感興趣程度的分布差異不大。

13.下表分析男女學生是否提前學英語與其對英語重要性的看法兩者間的關係，結果顯示，性別不同，提前與否對英語重要性的看法均無顯著差異。

(1)總人數：男生與女生

	非常	相當	一點（合併為一組）	全無（合併為一組）	總計
男	一七二 三八・九一	八七 一九・六八	三〇 六・七九	一〇 二・二六	二九九 六七・六五
女	八九 二〇・一四	四四 九・九五	八 一・八一	二 〇・四五	一四三 三二・三五
總計	二六一 五九・〇五	一三一 二九・六四	三八 八・六〇	一二 二・七一	四四二 一〇〇・〇〇

自由度	卡方值	P
二	三・九四一	〇・一三九

樣本大小＝四四二

由本統計可知，男女對英語重要性的看法差異不大。

(2)男提前與男未提前

	非常	相當	一點	全無	總計
男是	一一八 三九・四六	五○ 一六・七二	二二 七・三六	三 一・○○	一九三 六四・五五
			合併為一組		
男否	五四 一八・○六	三七 一二・三七	八 二・六八	七 二・三四	一○七 三五・四五
			合併為一組		
總計	一七二 五七・五三	八七 二九・一○	三○ 一○・○三	一○ 三・三四	二九九 一○○・○○

自由度	卡方值	P
二	三・二一四	○・二○○

樣本大小＝二九九

本統計顯示，男生提前學英語與否，不影響他們對英語重要性的看法。

(3)女提前與女未提前

	非常	相當	一點	全無	總計
女是	六五 四五・四五	三〇 二〇・九八	六 四・二〇	二 一・四〇	一〇三 七二・〇三
			合併為一組		
女否	二四 一六・七八	一四 九・七九	二 一・四〇	〇 〇・〇〇	四〇 二七・九七
			合併為一組		
總計	八九 六二・二四	四四 三〇・七七	八 五・五九	二 一・四〇	一四三 一〇〇・〇〇

自由度	卡方值	P
一	〇・一一八	〇・七三一

樣本大小＝一四三

此處顯示，對女生而言，是否提前學英語與其對英語重要性的看法沒有顯著關係。

(4)男提前與女提前

	男是	女是	總計
非常	一一八 三九・八六	六五 二一・九六	一八三 六一・八二
相當	五〇 一六・八九	三〇 一〇・一四	八〇 二七・〇三
一點	二三 七・四三	六 二・〇三	二八 九・四六
全無	三 一・〇一	二 〇・六八	五 一・六九
（一點、全無）	合併為一組	合併為一組	
總計	一九三 六五・二〇	一〇三 三四・八〇	二九六 一〇〇・〇〇

自由度	卡方值	P
一	〇・一一〇	〇・七四〇

樣本大小＝二九六

此處顯示，對提前學英語的學生而言，男女對英語重要性看法差異不大，關係不顯著。

(5)男提前與女未提前

	非常	相當	一點	全無	總計
男是	一一八 五〇・六四	五〇 二一・四六	二三 九・四四 （合併為一組）	三 一・二九 （合併為一組）	一九三 八二・八三
女否	二四 一〇・三〇	一四 六・〇一	二 〇・八六 （合併為一組）	〇 〇・〇〇 （合併為一組）	四〇 一七・一七
總計	一四二 六〇・九四	六四 二七・四七	二四 一〇・三〇	三 一・二九	二三三 一〇〇・〇〇

自由度	卡方值	P
一	〇・〇一八	〇・八九三

樣本大小＝二三三

此處顯示二者關係不顯著，亦即提前學英語的男生與未提前學英語的女生對英語重要性的看法差異不大。

(6)男未提前與女提前

	非常	相當	一點	全無	總計
男否	五四 二五・八四	三七 一七・七〇	八 三・八三（合併為一組）	七 三・三五（合併為一組）	一〇六 五〇・七二
女是	六五 三一・一〇	三〇 一四・三五	六 二・八七（合併為一組）	二 〇・九六（合併為一組）	一〇三 四九・二八
總計	一一九 五六・九四	六七 三二・〇六	一四 六・七〇	九 四・三一	二〇九 一〇〇・〇〇

自由度	卡方值	P
一	三・八〇七	〇・〇五一

本統計顯示二者差異未達顯著水準。也就是說，未提前學英語的男生與提前學英語的女生，對英語重要性看法差別不大。

(7)男未提前與女未提前

	非常相當	一點	全無	總計
男否	五四 三六·九九	三七 二五·三四	八 五·四八（合併為一組）	七 四·七九（合併為一組）	一○六 七二·六○
女否	二四 一六·四四	一四 九·五九	二 一·三七（合併為一組）	○ ○·○○（合併為一組）	四○ 二七·四○
總計	七八 五三·四二	五一 三四·九三	一○ 六·八五	七 四·七九	一四六 一○○·○○

自由度	卡方值	P
一	○·九五七	○·三二八

樣本大小＝一四六

由於二者關係不顯著，故未提前學英語的男女生對英語重要性的看法差別不大。

14表(1)是男生、女生，提早與未提早學英語與上學期英語成績。在 SAS 系統上做卡方檢定時，只把學生成績分為四組：九○以上、八○以上、七○以上及七○以下，以便求更精確的考驗結果——因爲七〇分以下的一二個細格，只有三格之次數（frequency）高於一〇次，其餘九格均在一〇次以下。另外，女生未提前學英語之組，七〇分以下的人數僅有七人，我們仍做卡方檢定，因爲卡方檢定的限制只有理論次數不能小於五。表14－1至表14－7，經卡方檢定後發現女生無論有否提前學英語，上學期之英語成績均高於男生，即使未提前學英語的女生，成績還是高於提前學習英語的男生。以下各表達到顯著水準的有：男總與女總，男提前與女未提前，男未提前與女提前，男提前與女提前、男未提前與女未提前。

14全部男女生提前與否

	九〇分以上	八〇分以上	七〇分以上	六〇分以上	五〇分以上	五〇分以下	總計
男是	三九 一九・〇二	六四 三一・二二	五二 二五・三七	三〇 一四・六三	一八 八・七八	二 〇・九八	二〇五
男否	一四 一四・五八	二五 二六・〇四	三〇 三一・二五	八 八・三三	一八 一八・七五	一 一・〇四	九六
女是	三三 三五・四八	二五 二六・八八	二一 二二・五八	四 四・三〇	七 七・五三	三 三・二三	九三
女否	一九 三八・〇〇	一四 二八・〇〇	一〇 二〇・〇〇	二 四・〇〇	四 八・〇〇	一 二・〇〇	五〇
總計	一〇五	一二八	一一三	四四	四七	七	四四四

(1)男女生成績

	九〇分以上	八〇分以上	七〇分以上	七〇分以下	總計
男	五三 一七・六一	八九 二九・五七	八二 二七・二四	七七 二五・五八	三〇一 一〇〇・〇〇
女	一九 三六・三六	一四 二七・二七	一〇 二一・六八	二 一四・六九	一四三 一〇〇・〇〇
總計	一〇五	一二八	一一三	九八	四四四

自由度	卡方值	***P
三	二〇・九九一	〇・〇〇〇

樣本大小＝四四四

(2)男生

	九〇分以上	八〇分以上	七〇分以上	七〇分以下	總計
男是	三九 一九・〇二	六四 三一・二二	五二 二五・三七	五〇 二四・三九	二〇五
男否	一四 一四・五八	二五 二六・〇四	三〇 三一・二五	二七 二八・一二	九六
總計	五三	八九	八二	七七	三〇一

自由度	卡方值	P
三	二・五一三	〇・四七三

樣本大小＝三〇一

(3)女生

	九〇分以上		八〇分以上		七〇分以上		七〇分以下		總計
女是	三三	三五·四八	二五	二六·八八	二一	二二·五八	一四	一五·〇五	九三
女否	一九	三八·〇〇	一四	二八·〇〇	一〇	二〇·〇〇	七	一四·〇〇	五〇
總計	五二		三九		三一		二一		一四三

自由度	卡方值	P
三	〇·一九六	〇·九七三

樣本大小＝一四三

(4)男是與女是

	男是	女是	總計
九○分以上	三九 一九·○二	三三 三五·四八	七二
八○分以上	六四 三一·二二	二五 二六·八八	八九
七○分以上	二一 二五·三七	二一 二二·五八	七三
七○分以下	一四 二四·三九	一四 一五·○五	六四
總計	二○五	九三	二九八

自由度	卡方值	*P
三	一○·三七六	○·○一六

樣本大小＝二九八

(5)男是與女否

	九〇分以上	八〇分以上	七〇分以上	七〇分以下	總計
男是	三九 一九・〇二	六四 三一・二三	五二 二五・三七	五〇 二四・三九	二〇五
女否	一九 三八・〇〇	一四 二八・〇〇	一〇 二〇・〇〇	七 一四・〇〇	五〇
總計	五八	七八	六二	五七	二五五

自由度	卡方值	*P
三	八・九一七	〇・〇三〇

樣本大小＝二五五

(6)男否與女是

	九〇分以上	八〇分以上	七〇分以上	七〇分以下	總計
男否	一四 一四·五八	二五 二六·〇四	三〇 三一·二五	二七 二八·一二	九六
女是	三三 三五·四八	二五 二六·八八	二一 二二·五八	一四 一五·〇五	九三
總計	四七	五〇	五一	四一	一八九

自由度	卡方值	*P
三	一三·三四七	〇·〇〇四

樣本大小＝一八九

(7)男否與女否

	九○分以上	八○分以上	七○分以上	七○分以下	總計
男否	一四 一四・五八	二五 二六・○四	三○ 三一・二五	二七 二八・一三	九六
女否	一九 三八・○○	一四 二八・○○	一○ 二○・○○	七 一四・○○	五○
總計	三三	三九	四○	三四	一四六

自由度	卡方值	*P
三	一二・三五九	○・○○六

樣本大小＝一四六

15.表15及表15—(1)到15—(7)是分析男女是提前與未提前學英語，及自認需加強英語能力的人數分配、百分比及顯著水準。其中有三組：女生提前與女生未提前學英語、男生提前與女生未提前學英語、男生未提前與女生提前學習英語之各組達到顯著水準。也就是女生提前學習英語則明顯地在寫方面比未提前的覺得更需要加強，而未提前學英語的女生則覺得在讀及生字上特別明顯地覺得需要加強（與提前學習的比較）（參閱表15－(3)）。同樣地，男生提前學習的，在寫方面遠比女生未提前學習英語的更覺得需要加強寫的能力；而女生未提前學習，在生字這方面，比起提前學英語的男生，特別明顯認爲需要加強（參閱表15－(5)：寫及生字兩項的百分比）。同理，男生未提前學英語的在讀方面的百分比顯然比女生提前的高，表示男生未提前學英語的在讀方面的需要較高於女生提前學習的。而女生提前學習，在說及文法方面則較多認爲須加強的（與男生未提前的相比——參閱表15－(6)）。

15

	男是	男否	女是	女否	總計
聽	一三四 一九·二〇	八〇 二〇·二五	五二 一七·五七	二九 二〇·八六	二九五
說	一一七 一六·七六	五五 一三·九二	五八 一九·五九	二一 一五·一一	二五一
讀	五七 八·一七	三二 八·一〇	一三 四·三九	一二 八·六三	一一四
寫	七五 一〇·七四	三五 八·八六	三〇 一〇·一四	七 五·〇四	一四七
文法	一三九 一九·九一	六八 一七·二二	七五 二五·三四	二四 一七·二七	三〇六
生字	六六 九·四六	五四 一三·六七	二七 九·一二	三二 二三·〇二	一七九
發音	一一〇 一五·七六	七一 一七·六七	四一 一三·八五	一四 一〇·〇七	二三六
總計	六九八	三九五	二九六	一三九	一五二八

(1)全部男女生

	聽	說	讀	寫	文法	生字	發音	總計
男	二一四 一九·五八	一七二 一五·七四	八九 八·一四	一一〇 一〇·〇六	二〇七 一八·九四	一二〇 一〇·九八	一八一 一六·五六	一〇九三
女	八一 一八·六二	七九 一八·一六	二五 五·七五	三七 八·五一	九九 二二·七六	五九 一三·五六	五五 一二·六四	四三五
總計	二九五	二五一	一一四	一四七	三〇六	一七九	二三六	一五二八

自由度	卡方值	P
六	二一·五七一	〇·〇〇七二

樣本大小＝一五二八

(2)男生

	男是	男否	總計
聽	一三四 一九・二〇	八〇 二〇・二五	二一四
說	一一七 一六・七六	五五 一三・九二	一七二
讀	五七 八・一七	三二 八・一〇	八九
寫	七五 一〇・七四	三五 八・八六	一一〇
文法	一三九 一九・九一	六八 一七・二二	二〇七
生字	六〇 九・四六	五四 一三・六七	一二〇
發音	一一〇 一五・七六	七一 一七・九七	一八一
總計	六九八	三九五	一〇九三

自由度	卡方值	P
六	八・一二六	〇・二二九

樣本大小＝一〇九三

(3)女生

	聽	說	讀	寫	文法	生字	發音	總計
女是	五二 一七・五七	五八 一九・五九	一三 四・三九	三〇 一〇・一四	七五 二五・三四	二七 九・一二	四一 一三・八五	二九六
女否	二九 二〇・八六	二一 一五・一一	一二 八・六三	七 五・〇四	二四 一七・二七	三二 二三・〇二	一四 一〇・〇七	一三九
總計	八一	七九	二五	三七	九九	五九	五五	四三五

自由度	卡方值	P
六	二四・七〇二	〇・〇〇〇

樣本大小＝四三五

(4)男是與女是

	男是	女是	總計
聽	一三四 一九·二〇	五二 一七·五七	一八六
說	一一七 一六·七六	五八 一九·五九	一七五
讀	五七 八·一七	一三 四·三九	七〇
寫	七五 一〇·七四	三〇 一〇·一四	一〇五
文法	一三九 一九·九一	七五 二五·三四	二一四
生字	六六 九·四六	二七 九·一二	九三
發音	一一〇 一五·七六	四一 一三·八五	一五一
總計	六九八	二九六	九九四

自由度	卡方值	P
六	八·八八三	〇·一八〇

樣本大小＝九九四

(5)男是與女否

	男是	女否	總計
聽	一三四 一九·二〇	二九 二〇·八六	一六三
說	一一七 一六·七六	二一 一五·一一	一三八
讀	五七 八·一七	一二 八·六三	六九
寫	七五 一〇·七四	七 五·〇四	八二
文法	一三九 一九·九一	二四 二七·二七	一六三
生字發音	六六 九·四六	三二 二三·〇二	九八
總計	一一〇 一五·七六	一四 二〇·〇七	一二四
	六九八	一三九	八三七

自由度	卡方值	P
六	二五·四一三	〇·〇〇〇

樣本大小＝八三七

(6)男否與女是

	聽	說	讀	寫	文法	生字	發音	總計
男否	八○ 二○・二五	五五 一三・九二	三二 八・一○	三五 八・八六	六八 一七・二二	五四 一三・六七	七一 一七・九七	三九五
女是	五二 一七・五七	五八 一九・五九	一三 四・三九	三○ 一○・一四	七五 二五・三四	二七 九・一二	四一 一三・八五	二九六
總計	一三二	一一三	四五	六五	一四三	八一	一一二	六九一

自由度	卡方值	P
六	一七・九九○	○・○○六

樣本大小＝六九一

(7)男否與女否

	聽	說	讀	寫	文法	生字	發音	總計
男否	八○ 二○·二五	五五 一三·九二	三二 八·一○	三五 八·八六	六八 一七·二二	五四 一三·六七	七一 一七·九七	三九五
女否	二九 二○·八六	二一 一五·一一	一二 八·六三	七 五·○四	二四 一七·二七	三二 二三·○二	一四 一○·○七	一三九
總計	一○九	七六	四四	四二	九二	八六	八五	五三四

自由度	卡方值	P
六	一一·六八四	○·○六九

樣本大小＝五三四

16.表16為男生與女生得分的人數一覽表。表16－(1)為卡方檢定之分組之依據與統計值。其結果顯示，學生成績之依變項與男女生之自變項達顯著水準；也就是說女生的成績優於男生的成績。

16男生與女生

	九〇分以上	八〇分以上	七〇分以上	六〇分以上	五〇分以上	四〇分以上	四〇分以下	總計
男	三 一・〇〇	六九 二二・九二	一一七 三八・八七	六一 二〇・二七	三二 一〇・六三	一二 三・九九	七 二・三三	三〇一
女	五 三・四五	四五 三一・〇三	六七 四六・二一	一五 一〇・三四	五 三・四五	三 二・〇七	五 三・四五	一四五
總計	八	一一四	一八四	七六	三七	一五	一二	四四六

(1)男生與女生

	八〇分以上	七〇分以上	六〇分以上	五〇分以上	五〇分以下	總計
男	七二 二二·九二	一一七 三八·八七	六一 二〇·二七	三二 一〇·六三	一九 六·三一	三〇一
女	五〇 三四·四八	六七 四六·二一	一五 一〇·三四	五 三·四五	八 五·五二	一四五
總計	一二二	一八四	七六	三七	一二	四四六

自由度	卡方值	**P
四	一七·一〇九	〇·〇〇二

17.表17A是學生父母是否大學或研究所畢業與學生成績的次數分配圖。只有母親是大學或研究所畢業的人數很少，共有一〇人，在合併各小格之後，次數仍然不合做卡方檢定的條件，因此SAS系統又爲包含「只有母親」之輸入資料做費雪爾正確概率考驗(Fisher's exact probability test)。經過卡方檢定及費雪爾正確概率考驗後，發現僅父親是與父母皆不是及父母都是與父母

都不是的兩組達到顯著水準；也就是說僅父親是高學歷的或父母親都是高學歷的，英語成績明顯地高於父母都不是高學歷的。（參閱表17A—(1)到表17A—(6)）

17A成績與父母教育背景

	九〇分以上	八〇分以上	七〇分以上	六〇分以上	五〇分以上	四〇分以上	四〇分以下	總計
父是	二 一·七五	三九 三四·二一	五〇 四三·八六	一四 一二·二八	七 六·一四	二 一·七五	〇 〇·〇〇	一一四
母是	〇 〇·〇〇	〇 〇·〇〇	五 五〇·〇〇	二 二〇·〇〇	二 二〇·〇〇	一 一〇·〇〇	〇 〇·〇〇	一〇
父母皆是	三 二·五四	三三 二七·九七	五九 五〇·〇〇	一九 一六·一〇	二 一·六九	二 一·六九	〇 〇·〇〇	一一八
父母皆否	三 一·四四	四三 二〇·六七	七一 三四·一三	四三 二〇·六七	二六 一二·五〇	一〇 四·八一	一二 五·七七	二〇八
總計	八	一一五	一八五	七八	三七	一五	一二	四五〇

A
(1)父是與母是

	七〇分以上	七〇分以下	總計
父是	九一 七九・八二	二三 二〇・一八	一一四
母是	五 五〇・〇〇	五 五〇・〇〇	一〇
總計	九六	二八	一二四

自由度	卡方值	P
一	四・六七八	〇・〇三一
		〇・九九一
		四・五六E－〇二
		四・五六E－〇二

樣本大小＝一二四

（因百分之二十五的細格人數分配少於五，不適合用卡方檢驗）

A
(2)父是與父母皆是

	八〇分以上	七〇分以上	七〇分以下	總計
父是	四一 三五·九六	五〇 四三·八六	二三 二〇·一八	一一四
父母皆是	三六 三〇·五一	五九 五〇·〇〇	二三 一九·四九	一一八
總計	七七	一〇九	四六	二三二

自由度	卡方值	P
二	〇·九九九	〇·六〇七

樣本大小＝二三二

A (3)父是與父母皆否

	八〇分以上	七〇分以上	六〇分以上	六〇分以下	總計
父是	四一 三五·九六	五〇 四三·八六	一四 一二·二八	九 七·八九	一一四
父母皆否	四六 二二·一二	七一 三四·一三	四三 二〇·六七	四八 二三·〇八	二〇八
總計	八七	一二一	五七	五七	三二二

自由度	卡方值	P
三	一九·六〇〇	〇·〇〇〇

樣本大小＝三二二

A (4)母是與父母皆是

	七〇分以上	七〇分以下	總計
母是	五 五〇・〇〇	五 五〇・〇〇	一〇
父母皆是	九五 八〇・五一	二三 一九・四九	一一八
總計	一〇〇	二八	一二八

自由度	卡方值	P
一	五・〇二一	〇・〇二五

四・〇〇E－〇二

〇・九九三

四・〇〇E－〇二

樣本大小＝一二八

A (5)母是與父母皆否

	七〇分以上	七〇分以下	總計
母是	五 五〇·〇〇	五 五〇·〇〇	一〇
父母皆否	一一七 五六·二五	九一 四三·七五	二〇八
總計	一二二	九六	二一八

自由度	卡方值	P
一	〇·一五一	〇·六九七 〇·四七〇二 〇·七五二

樣本大小＝二一八

（卡方檢驗無效）

（因百分之二十五的細格人數分配少於五，不適合用卡方檢定）

A

(6)父母皆是與父母皆否

	八〇分以上	七〇分以上	七〇分以下	總計
父母皆是	三六 三〇・五一	五九 五〇・〇〇	二三 一九・四九	一一八
父母皆否	四六 二二・一二	七一 三四・一三	九一 四三・七五	二〇八
總計	八二	一三〇	一一四	三二六

自由度	卡方值	P***
二	一九・五三一	〇・〇〇〇

樣本大小＝三二六

表17B是父母是否爲公教人員與受試者成績一覽表。表17B—(1)到表17B—(6)則是卡方考驗之分組依據及考驗得到的自由度、卡方值與犯錯概率值（P值）。六個表有五個達到顯著水準：即只有父親爲公教人員的與其他三組（只有母親、父母皆是、父母皆非公教人員）、只有母親與

父母皆非、父母皆是與父母皆非。由五個達到顯著水準的表中得知：只有父親是公教人員的國中生，英語成績比其他三組普遍都較差。只有母親是公教人員的國中生，英語成績較父母皆非公教人員的學生要好。父母都是公教人員的國中生，英語成績普遍優於父母皆非公教人員的國中生。

17B 父母是否爲公教人員與受試者之成績

	九〇分以上	八〇分以上	七〇分以上	六〇分以上	五〇分以上	四〇分以上	四〇分以下	總計
父是	一	一三	三四	二〇	九	六	三	八六
	一·一六	一五·一二	三九·五三	二三·二六	一〇·四七	六·九八	三·四九	
母是	〇	二八	二九	三	二	一	〇	六四
	〇·〇〇	四三·七五	四五·三一	四·六九	三·一二	一·五六	一·五六	
父母皆是	二	二三	四三	一三	三	一	一	八六
	二·三三	二六·七四	五〇·〇〇	一五·一二	三·四九	一·一六	一·一六	
父母皆非	五	五九	九五	一八	二四	七	七	二一五
	二·三三	二七·四四	四四·一九	八·三七	一一·一六	三·二六	三·二六	
總計	八	一二三	二〇一	五四	三八	一五	一二	四五一

B
(1)父是與母是

	父是	母是	總計
八〇分以上	一四 一六・二八	二八 四三・七五	四二
七〇分以上	三四 三九・五三	二九 四五・三一	六三
七〇分以下	三八 四四・一九	七 一〇・九四	四五
總計	八六	六四	一五〇

自由度	卡方值	P***
二	二三・七〇二	〇・〇〇〇

樣本大小＝一五〇

B(2)父是與父母皆是

	八〇分以上	七〇分以上	六〇分以上	六〇分以下	總計
父是	一四 一六·二八	三四 三九·五三	二〇 二三·二六	一八 二〇·九三	八六
父母皆是	二五 二九·〇七	四三 五〇·〇〇	一三 一五·一二	五 五·八一	八六
總計	三九	七七	三三	二三	一七二

自由度	卡方值	P**
三	一二·九八七	〇·〇〇五

樣本大小＝一七二

B
(3)父是與父母皆非

	八〇分以上	七〇分以上	六〇分以上	五〇分以上	五〇分以下	總計
父是	一四 一六・二八	三四 三九・五三	二〇 二三・二六	九 一〇・四七	九 一〇・四七	八六
父母皆非	六四 二九・七七	九五 四四・一九	一八 八・三七	二四 一一・一六	一四 六・五一	二一五
總計	七八	一二九	三八	三三	二三	三〇一

自由度	卡方值	P**
四	一六・六八六	〇・〇〇二

樣本大小＝三〇一

B
(4)母是與父母皆是

	八〇分以上	七〇分以上	七〇分以下	總計
母是	二八 四三・七五	二九 四五・三二	七 一〇・九四	六四
父母皆是	二五 二九・〇七	四三 五〇・〇〇	一八 二〇・九三	八六
總計	五三	七二	二五	一五〇

自由度	卡方值	P
二	四・六〇四	〇・一〇〇

樣本大小＝一五〇

B (5)母是與父母皆非

	八〇分以上	七〇分以上	七〇分以下	總計
母是	二八 四三・七五	二九 四五・三一	七 一〇・九四	六四
父母皆非	六四 二九・七七	九五 四四・一九	五六 二六・〇五	二一五
總計	九二	一二四	六三	二七九

自由度	卡方值	*P
二	七・九二四	○・○一九

樣本大小＝二七九

B
(6)父母皆是與父母皆非

	八〇分以上	七〇分以上	六〇分以上	六〇分以下	總計
父母皆是	二五 二九·〇七	四三 五〇·〇〇	一三 一五·一二	五 五·八一	八六
父母皆非	六四 二九·七七	九五 四四·一九	一八 八·三七	三八 一七·六七	二一五
總計	八九	一三八	三一	四三	三〇一

自由度	卡方值	*P
三	九·二二五	〇·〇二六

樣本大小＝三〇一

18.表18爲受試者是否提前學習英語與此次問卷成績之一覽表。表18—(1)則爲卡方檢定之分組依據，檢定結果達顯著相關。由此可知，提前學習英語的學生，成績優於未提前學習英語的學生。

18受試者是否提前學習之成績

	九〇分以上	八〇分以上	七〇分以上	六〇分以上	五〇分以上	四〇分以上	四〇分以下	總計
是	七 二・三二	九六 三一・七九	一二九 四二・七二	四六 一五・二三	一五 四・九七	五 一・六六	四 一・三三	三〇二
否	一 〇・六八	二〇 一三・七〇	五五 三七・六七	三〇 二〇・五五	二二 一五・〇七	一〇 六・八五	八 五・四八	一四六
總計	八	一一六	一八四	七六	三七	一五	一二	四四八

(1)早學是與否

	八〇分以上	七〇分以上	六〇分以上	五〇分以上	五〇分以下	總計
是	一〇三 三四・一一	一二九 四二・七二	四六 一五・二三	一五 四・九七	九 二・九八	三〇二
否	二一 一四・三八	五五 三六・六七	三〇 二〇・五五	二二 一五・〇七	一八 一二・三三	一四六
總計	一二四	一八四	七六	三七	二七	四四八

自由度	卡方值	P***
四	四二・五一三	〇・〇〇〇

樣本大小＝四四八

19. 表19為課外補習英語（是 VS. 否）與此次問卷成績一覽表。表19—(1)為卡方檢定之分組依據及統計值。其結果顯示學生成績之依變項與課外是否補習英語之自變項，未達顯著水準；也就是說，課外補習英語的學生成績不見得比未補習者好。

表19 受試者是否課外補習英語之成績

	是		否		總計
九〇分以上	三	一·八七	五	一·七六	八
八〇分以上	五二	三二·五〇	六二	二一·八三	一一四
七〇分以上	五八	三六·二五	一二五	四四·〇一	一八三
六〇分以上	二二	一三·七五	五三	一八·六六	七五
五〇分以上	一七	一〇·六三	二〇	七·〇四	三七
四〇分以上	六	三·七五	九	三·一七	一五
四〇分以下	二	一·二五	一〇	三·五二	一二
總計	一六〇		二八四		四四四

(1)是否課外補習英語

	八〇分以上	七〇分以上	六〇分以上	五〇分以上	五〇分以下	總計
是	五五 三四・三八	五八 三六・二五	二二 一三・七五	一七 一〇・六三	八 五・〇〇	一六〇
否	六七 二三・五九	一二五 四四・〇一	五三 一八・六六	二〇 七・〇四	一九 六・六九	二八四
總計	一二二	一八三	七五	三七	二七	四四四

自由度	卡方值	P
四	九・三四七	〇・〇五三

樣本大小＝四四四

五、研究結果

研究結果可歸納如下：

(一)與學生對英語的興趣及對英語重要性的看法無關者：

1. 是否提前學英語無關。
2. 是否課外補習英語無關。

(二)與聽力有關者：

1. 曾提前學英語者聽力成績較高。
2. 女生聽力成績較男生高。
3. 未曾提前學英語者認爲聽力須加強的比例較高。

(三)與在校成績無關者：

1. 提前學英語與否無關。

2.是否課外補習英語相關不大。

(四)與筆試成績有關者：

1.家長教育程度高者，成績亦高。
2.家長職業為公教者，成績較高。
3.曾提前學英語者，成績較高。
4.女生優於男生。
5.課外補習的學生，其成績不比未課外補習者好。
6.學習興趣濃者，筆試成績較高。

六、結　語

此次做問卷調查的學校集中在臺北市、臺中市及高雄市的六所國中，這些學校都是目前較繁榮、教育水準較高的地區，調查結果發現大部分學生均有提早學英語的經驗，只是提早學習英語並未見功效。學生對英語的興趣、態度及家長的職業、教育程度是影響學生學習英語的主因，而是否提前課外補習並非主因。值得注意的是，調查中許多原先對英語頗有興趣者，在飽經摧殘後與趣降至最低點，如何創造變化有趣的學習環境，可能是國中英語教師必須深思探究的問題。令人欣慰的是，有許多父母並不一味迷信補習的功效，而子女的成績也不因未補習而降低。

以上的研究結果乃依據此次的取樣而得，是否與事實吻合，仍有待進一步的擴大研究。

參考資料：

1. Asher. J. (1981), "The Total Physical Response: Theory and Practice". In H. Wintz (ed) *Native Language and Foreign Language Acquisition.* New York: The New York Academy of Sciences.
2. Bever, T. (1981), "Normal Acquisition Processes Explain the Critical Period for Language Learning". In K. Diller (ed), *Individual Differences and Universals in Language Learning Aptitude.* Rowley, MA: Newbury House.
3. Boden, M. (1979), *Piaget.* London: Fontana.
4. Brandle, M. (1986), "Language Teaching for the Young-Old". *Babel* 21:1, 17-21.
5. Cummins, J. & Swain, M. (1986), *Bilingualism in Education.* London: Longman.
6. Diller, K. (1981), *Individual Differences and Universals in Language Learning Aptitude.* Rowley, MA: Newbury House.
7. Entus, A. (1977), "Hemispheric Asymmetry in Processing of Dichotically Presented

Speech and Nonspeech Stimuli by Infants". In S. Segalowitz & E. Gruber (eds). *Language Development and Neurological Theory*. New York: Academic Press.

8. Flege, J. (1981). "The Phonological Basis of Foreign Accent: A Hypothesis". *TESOL-Quarterly* 15, 443-55.
9. Guiora, A. (1972), "Construct Validity and Transpositional Research: Toward an Empirical Study of Psychoanalytic Concepts" *Comprehensive Psychiaty* 13, 130-50.
10. Hand, S. (1973). "What It Means to Teach Older Adults". In A Hendrickson (ed.), *A Manual on Planning Educational Programs for Older Adults*. Tallahassee, FL: Florida State University.
11. Harley, B. (1986), *Age in Second Language Acquisition*. Clevedon Avon: Multilingual Matters.
12. Joiner, E. (1981), *The Older Language Learner: A Challenger for Colleges and Universities*. Washington DC: Center for Applied Linguistics.
13. Kinsbourne, M. (1975), "The Ontogeny of Cerebral Dominance". In D. Aaronson & R. Rieber, (eds.) *Development Psycholinguistics and Communication Disorder*. New York: New York Academy of Science.
14. Krashen, S. (1973), "Lateralization, Language Learning and the Critical Period: Some

New Evidence". *Language Learning* 23, 63-74.

15. ______(1985), *The Input Hypothesis: Issues and Implications.* London: Longman.
16. Lenneberg, E. (1964), "A Biological Perspective of Language". In E. Lenneberg (ed.) *New Directions in the Study of Language.* Cambridge, MA: M.I.T. Press.
17. Newmark, L. & Reibel, D. (1968), "Necessity and Sufficency in Language Learning". *International Review of Applied Linguistics* 6:2, 145-64.
18. Scarcella R. & Higa, C. (1982), "Input and Age Differences in Second Language Acquisition". In S. Krashen, R. Scarcella & M. Long (eds.) *Child-Adult Differences in Second Language Acquisition.* Rowley, MA: Newbury House.
19. Schumann, J. (1975), "Affective Factors and the Problem of Age in Second Language Acquisition". *Language Learning* 25, 209-35.
20. ______(1978), *The Pidginization Process: A Model for Second Language Acquisition.* Rowley, MA: Newbury House. 21. Skinner, B. (1957), Verbal Behavior. New York: Appleton-Century-Crofts.
21. Skinner, B. (1957), *Verbal Behavior.* New York: Appleton-Century-Crofts.
22. Swain, M. & Lapkin, S. (1982) *Evaluating Bilingual Education: A Canadian Case-Study.* Clevedon, Avon: Multilingual Matters.

23. Walsh, T. & Diller, K. (1981), "Neurological, Considerations on the Optimum Age for Second Language Learning". In K. Diller (ed.). *Individual Differences and Universals in Language Learning Aptitude.* Rowley, MA: Newbury House.

24. Woods, B. (1980), "The Restricted Effects of Right-hemisphere Lesions after Age Nine: Wechesler Test Data". *Neuropsychologia.* 18, 65-70.

25. Zaidel, E. (1983), "On Multiple Representations of the Lexicon in the Brain-The Case of Two Hemispheres". In M. Studdert-Kennedy (ed.). *Psychology and Language.* Cambridge. MA: M.I.T. Press.

26. 周中天(一九八九)〈兒童提前學習英語對其日後英語能力影響之研究〉，一九八九國科會補助專題研究。

27. 黃自來（一九八九）〈年齡動機與學習第二語言〉，英語文教學論文集，臺北市文鶴出版社。

附錄：英語綜合測驗

壹、聽力測驗

請注意聽錄音機播放的英語對話，每題共有四個答案，其中只有一個是正確的，請將正確答案的代表字母寫在答案紙上。例如：

Good morning, John. How are you?

接著有四個答案：

A. Thank you.

B. I'm a student.

C. I'm fine. Thank you.

D. Goodbye.

其中正確答案是 C. I'm fine. Thank you.

1. Is that a book?

A. Yes, there is.

B. Yes, it is.

C. Yes, that book.

D. No, my book.

2. What is his sister doing?

A. He's reading.

B. She's reading.

C. It's reading.

D. Yes, he's reading.

3. Do they live in Taipei?

A. Yes, they live.

B. Yes, they don't.

C. No, they don't.

D. No, they live.

4. Is Sue beautiful?

A. Yes, she is.

B. No, she isn't.

C. No, she is.

D. Yes, she's not.

5. Do you read or write?

A. I read and write.

B. I read.

C. Yes, I read and write.

D. No, I write.

6. Is this your book?

A. No, I don't.

B. Yes, I am.

C. Yes, it's mine.

D. Yes, it's my.

7. What does Mary love doing?

A. Yes, she loves going to the movies.

B. No, she went to the movies yesterday.

C. She loves going to the movies.

D. She is singing.

8. How do you study English?

A. I like to study English.

B. He does like to study English.

C. I study it very slowly.

D. She walks very quickly.

9. Excuse me. Is she your teacher?

A. Yes, he's my teacher.

B. No, she's my mother.

C. Yes, she's an English teacher.

D. No, she's my teacher.

10. Do you speak English?

A. Yes, he went to school last year.

B. No, I started it last year.

C. Yes, I am.

D. Yes, but a little.

貳、會話測驗：

（請以A. B. C. D. 等代號作答）

1. A: Is this __11__ car?

B: No, it's __12__. He is __13__ there.

A: Is he __14__?

B: Yes, but his car __15__ Chinese.

11. A. you're B. you C. your D. yours

12. A. of Mr. Brown B. to Mr. Brown C. Mr. Brown's D. a Mr. Brown

13. A. this man B. that man C. this men D. that men

14. A. America B. American C. a American D. the American

15. A. it B. it's C. is D. its

2. A: Hello, Sue __16__ you today?

B: __17__ fine. And you?

A: Very __18__, thank you.

B: __19__ your mother today?

A: __20__ New York.

16. A. Who are B. How are C. Who is D. How is

17. A. I'm B. Am C. I D. Am I

18. A. good B. bad C. well D. best

19. A. When is B. Where is C. When are D. Where are

20. A. On B. At C. In D. Of

參、綜合測驗

請參考下面八圖片暗示的內容，把下面這則故事中的每個空白，填入一個最適當的字。請把答案寫在答案卷上。

Miss Wang is thinking about her mother. __21__ is her mother's birthday. She wants __22__ give her a very good birthday __23__.

She goes to a shop. She sees a beautiful __24__. The bird can sing, and it can __25__ four languages. It costs 5,000 __26__. She buys the bird and sends it __27__ her mother.

The next day Miss Wang ___28___ her mother on the telephone. "Mother," asks Miss Wang, "___29___ you like the bird?"

"I'm ___30___ right now," her mother says. "It is delicious."

答案卷

班級：________ 姓名：________ 性別：男：________ 女：________

壹、聽力測驗

（以下題目均用 A. B. C. D. 等代號作答）

1. ________ 2. ________ 3. ________ 4. ________ 5. ________

6. ________ 7. ________ 8. ________ 9. ________ 10. ________

貳、會話測驗：（選擇）

（以下題目均用 A. B. C. D. 等代號作答）

11. ________ 12. ________ 13. ________ 14. ________ 15. ________

16. ________ 17. ________ 18. ________ 19. ________ 20. ________

參、綜合測驗（填充）

21. ________ 22. ________ 23. ________ 24. ________ 25. ________

26. ______
27. ______
28. ______
29. ______
30. ______

肆、學習經驗與態度問卷

請依你自己的實際情況塡寫，此項調查的結果與你個人的英語成績毫無關係。謝謝你的合作。（以下各題請打勾作答）

一、家長教育程度　父：1.小學畢業____ 2.初中畢業____
3.高中畢業____ 4.專科畢業____
5.大學畢業____ 6.研究所畢業____
母：1.小學畢業____ 2.初中畢業____
3.高中畢業____ 4.專科畢業____
5.大學畢業____ 6.研究所畢業____

二、家長職業　父：1.公教____ 2.商____ 3.農____
4.軍____ 5.工____ 6.其他____
母：1.公教____ 2.商____ 3.農____
4.軍____ 5.工____ 6.其他____

三、請問你在進入國中以前，有沒有提前學習英語？有______ 沒有______

四、請問你在進入國中以前是

1. 上中國老師任教的補習班____
2. 上外國老師任教的補習班____
3. 請家庭教師在家任教____
4. 由父母兄姐在家指導____

五、請問你現在除了學校的課程，有沒有在課外學習英語？有____ 沒有____

六、請問你在課外學習英語的方式是

1. 上中國老師任教的補習班____
2. 上外國老師任教的補習班____
3. 請家庭教師在家任教____
4. 由父母兄姐在家指導____

七、請問你在國一剛學英語時，你對學習英語

1. 非常有興趣____
2. 相當有興趣____
3. 只有一點興趣____
4. 完全沒有興趣____

八、請問你現在對英語感到

1. 非常有興趣 ＿＿＿＿

2. 相當有興趣 ＿＿＿＿

3. 只有一點興趣 ＿＿＿＿

4. 完全沒有興趣 ＿＿＿＿

九、請問你認爲英語

1. 非常重要 ＿＿＿＿

2. 相當重要 ＿＿＿＿

3. 有點重要 ＿＿＿＿

4. 不重要 ＿＿＿＿

十、請問你上學期英語一科的總成績是

1. 九十分以上 ＿＿＿＿

2. 八十分以上 ＿＿＿＿

3. 七十分以上 ＿＿＿＿

4. 六十分以上 ＿＿＿＿

5. 五十分以上 ＿＿＿＿

十一、你的英語自信那一方面比較弱而必須加強？（可以複選）

1. 聽＿＿＿＿ 2. 說＿＿＿＿ 3. 讀＿＿＿＿ 4. 寫＿＿＿＿ 5. 文法＿＿＿＿ 6. 生字＿＿＿＿ 7. 發音＿＿＿＿

人社叢刊之十四

大一國文之教材教法改革研究

謝雲飛

作者簡介

謝雲飛，浙江松陽人，民國二十二年生。國立臺灣師範大學文學士、文學碩士，新加坡南洋大學研究院院士。

民國四十八年起曾任國立政治大學講師、副教授各三年，五十四年起任教授四年，後轉任新加坡南洋大學高級講師十二年，民國六十八年返政治大學任客座教授二年後改專任教授，民國七十五年任韓國成均館大學交換教授一年，七十六年返國任教至今。

著有《經典釋文異音聲類考》、《中國文字學通論》、《明顯四聲等韻圖研究》、《爾雅義訓釋例》、《中國聲韻學大綱》、《漢語音韻學十論》、《四大傳奇及東南亞華人地方戲》、《中文工具書指引》、《文學與音律》、《語音學大綱》、《韓非子析論》、《管子析論》等書及學術性論文二百餘篇。

大一國文之教材教法改革研究

謝雲飛

一、前言

(一)大一國文

我國大學將國文教學列爲共同必修科目多年。歷來所用之教材，均在與國中高中課文不重複之原則下，選取若干古文作爲教材，偶或有一二大學選有少數白話篇章，但教學重點仍以古文爲主。至於教學方法方面，則沿襲國中、高中時期的一貫方法——由任課教師作演講式的「概覽全文」、「分段解釋」、「文言語譯」、「課文深究」、「綜理全文」、「摘要練習」、「考試」等若干教學過程。考試時則以「背誦」、「詞句解釋」、「剖析主旨」、「形義相近字之辨別」、「問答大意」、「闡述要點」等項目爲命題之範圍。此外，再作文若干篇。數十年沿用此法，除近來有人提改進意見[1]外，幾乎是一成不變，而成一固定型式。

本來，使用前述方法，如教師口才良好，教法運用得宜，也是可以引發學生相當高興趣的，但因國中高中時期皆採用此法，強令學生反覆死背、苦苦強記，再三催逼，嚴厲督促，於是學習興趣爲之斲喪殆盡，乃使學生視國文爲畏途。但爲「聯考」壓力之下，莘莘學子，不得不苦讀以達升學目的。因此大學國文仍採行前述的那種傳統教學方法，就到了非改革不可的境地了。

(二)須當改革之原因

國文教學，除前述的那種因長久受「聯考」之影響，學生爲聯考能得高分而苦苦記誦，因強記苦誦而喪失學習興趣，於是一進入大學，便思有所改變，學生既已消失苦讀的壓力而大一國文教材教法若仍與高中無異，則其厭惡心理自必油然而生；加上學生對大學的教法可能大大地不同於高中的殷切期盼；又加上大學生本身有自發自動學習的強烈願望；兼因當今社會風氣之好逸惡勞，學生的苦讀精神遠不如昔等原因，若大一國文仍沿用高中時期同類型之教材教法，則學生自必大失所望，而對國文課也就不期然地產生嚴重的不良反應了。

筆者曾要求學生對目前一般的大一國文教材教法，作一反映意見，他們認爲目前大一的國文教材教法簡直就是高中國文的「留級」，一無可取之處，而且有很多的教師教得比高中的老師還差。既是如此，那麼，如果我們仍然只是用高中的方法多教幾篇選文，多改幾篇作文，多矯正一兩個錯別字，而不能從國文的應用欣賞及語文的研究著眼，則這短短的一年能有多少進步是很值得懷疑的。

(三)有人主張廢止大一國文

因爲前述的那些原因，國文教學效果之不彰，已成有目共睹之事實。於是一些國文科以外的教師，尤其是有些學理工的學者，認爲大一國文是多餘的，根本應該廢止，或是減少教學鐘點，勉強備爲一個選修科目也就罷了。因此，有些學校提出廢止或改爲選修課的積極要求，甚者有意讓學生來投票表決，以確定大一國文之存廢。

但是，大一國文眞的應該廢止嗎？其實這是非常不正確的看法。事實上，國文有多麼重要誰都知道。我們認爲大一國文不但不可輕言廢止，甚且應該更予加重。因爲，一個十八歲的青少年，在中學階段那種許多課目並施的情況下，其所花在國文上的時間和精神，可以想見是非常地不足夠的，而國文卻是傳承文化、負有學術研究重任的基本工具，若不培養到運用自如的地步，則將來對學術的著述、傳導、發表都會有著極爲嚴重的阻礙。近年以來，美、法、英諸國都在爲大學生的語文能力之明顯衰退而憂心忡忡。據去年美國、法國、英國發布的消息：一個即將畢業離校的大學生，竟然連撰寫一份通暢達意、稍覺像樣的讀書報告的語文能力都沒有，這怎能不令人感到大學語文教育的重要呢？再據許多資料顯示：大學一般科系（不包括本國語文系）的語文鐘點，以前蘇聯爲最多，德、英次之，連鐘點比較少的法國也比我們的多得多；美國、加拿大則視學生情況而定，凡進入大學一般科系（語文系在外）的學生，經測驗語文能力之後，有少數學生可以免修語文，但絕大多數是必須再修的，其再修的學生所應修的鐘點，總計起來也比我們的大一國文鐘點多。如此而言，則我們的大一國文怎能廢止呢？

（四）國文教師因負擔重而形成疲乏之感

大一學生對國文課不重視之另一原因，是因部分負責教學的教師不夠振作。國文教師必須批改作文，是必然不可避免的事，而改作文就成爲國文教師的沉重負擔了❷。若以一位教兩班國文的教師爲例，幾乎每天都在忙著改作文，偶有身體不適，或稍一疏懶，作文便堆積如山而來不及批改了；偶或有人除本務之外，更在他校兼職，往往便致本務荒疏而分身於外務，如此長久下來，意志稍弱的人，往往會對國文形成疲態，教學進行之際，難免不夠振作；而學生看到這樣的教師，興趣自減，以爲大學教師尚不如高中的優秀，久之也就產生對國文不重視的心理。自以爲這種課程甚易應付，缺幾次課也無傷大旨，況且教師每年總教那幾篇固定不變的古文，不聽課把去年學長記有小註的課文找來看看也就可以參加考試了。如此一來，於是形成了學生逃課、對教師不敬、視國文爲多餘，乃至遲到早退，破壞上課秩序，而嚴重地影響到讀書風氣了。

就以上數點看來，大一國文教材教法之必須改革，已成刻不容緩之要務，玆特擬改革之方式及取向如下文。

二、改革之方式及取向

一般科系的學生，進入大學以後，就只剩「大一國文」這最後的一年國文課了。面對這最後一年的國文課，實在不宜再用傳統的那種塡鴨式以灌輸知識爲主的敎法了，必須調整課程設計，改進教材教法，激發學生自發自動的潛力，培養學生如何掌握國文爲探究學術之工具；如何運用國文撰述學術性的論文、報告；如何將書面報告向大衆作口頭的宣讀、討論；如何獲得一般實用的文書技巧，如書信、公文等寫作格式之掌握等等，都必須在這最後的一年國文課程中，作一個總的整理和總的訓練。因此，本文所提議的改革方式，必須朝往以下的幾個取向前進，即：

(一)改被動的學習爲自動的學習。

(二)擴大取材範圍(利用圖書館)。

(三)注重語文研究方法之培養。

(四)配合大學各系科之性質與需要。

(五)兼顧「博」與「約」的要求(每人均需有專題研究——求「約」，大家均須上臺作報告——求「博」)。

針對以上五端，務期能在最短一年之期，作高度效應的培養，以達到學生日後能自力述作、獨立研究，而可負獨當一面之學術研究工作。玆分項略述如後：

（一）改被動的學習爲自動的學習

本項目是針對目前大學之教材教法，而作一大幅度的矯治之法。因學生在中學階段，受升學主義、惡性競爭的影響，國文教學偏重死記死背，學生的向學能力，在強力的壓迫之下，已呈死灰槁木狀態。進入大學以後，必須誘導學生自動向學、自發學習的趣味，教師只能在旁作指引、輔導的工作，不可搜羅巨量的與現實社會脫節的選文，再令學生死背死記；而應要求學生自學而教師僅僅是在旁輔導，則其學習能力可重新引發，其學習之興趣可重新振興，死灰可使復燃，槁木可使再萌新葉。所以，改被動爲自動的教學法，宜列爲本科的第一要務。

（二）擴大取材範圍（利用圖書館）

圖書館是知識的寶庫，一門學問，若只靠教師一人作天花亂墜式的講述，遠不如訓練學生使用圖書館藏書，使能作多方面、多層次的接觸豐富的學術資料更爲重要。我國各大學都有藏書豐富的圖書館，但能善自利用圖書館的學生，卻是寥若晨星。平日，一般的學生進圖書館，無非是到閱覽部門看看報紙、翻翻雜誌而已，眞正進圖書館找資料、寫論著的學生幾乎是沒有。各大學的圖書館比較忙的時間，只在期中考、期末考的前幾日，過了考試之後，圖書館內眞是門可羅雀、渺無人影了。

本課程的重要訓練項目之一，就是要學生撰述學術性的讀書報告，由教師開列「論文大綱」

及參考書目給學生，令其進入圖書館自動蒐集資料、自行撰述小型論文，定時撰寫，按期交卷，人人要寫報告，圖書館的使用率必然可因此而提高。大一國文教材不應限於幾篇選文，而應擴大其範圍，甚且應顧及學生所屬系科性質，個人與趣與需要，先決定研習主題，蒐集資料，再作口頭及書面報告。

(三)練習利用工具書及蒐集資料

我們既要引發學生自發自動的學習能力，使其能自己發現問題，自行解決問題，就必須培養學生使用各類不同的工具書。工具書的類別很多，諸如：字典、分類辭典（如：人名、地名、社會科學、自然科學、醫學、生物……等）、類書、百科全書、年譜、年曆、年表、年鑑、碑傳、人物誌、地方志、地理志、地圖、會典、會要、職官制度志、論文索引、期刊索引、書目索引、書目提要等等，都是不必教師教導便可解決許多問題的好幫手，凡此各類工具書的運用，必須時時指點學生自動去翻檢，以培養其運用的能力。

研究各門類的學術，蒐集資料、撰述論文報告為研究過程中至為重要的一個環節。中學生既已進入大學，一個工具性的課程——大一國文，自應負起教導學生蒐集資料、撰述報告的責任。高中學生從未寫作過學術性的論文，在現行的制度之下，有許多學生，直到大學畢業也不知要如何去撰述一篇學術性的論文，如果把這個工作交給大一國文課來進行，這是最合適不過的事情。蒐集資料的途徑很多，諸如：開列參考書給學生，令學生深入圖書館去查尋蒐集，然後做成卡片；令學生去翻檢期刊雜誌，收集報章資料；令學生查考檔案公報，以求所需之資料；閱覽他人之論文，以擷取題材資料；搜尋各類工具書，以匯集各類可用的資料；製作問卷，徵求大衆的意見，以獲所需的資料；從事訪問調查，以蒐求資料；請教師長、學者、專家，以得所需之資料等等，這都需給學生施以訓練，漸漸引發其蒐集的能力，以培養其自力蒐集的習慣，進而指導學生將資料如何剖析、分類、整理，而予以充分之運用，以發揮資料之高度效能，而撰爲有價值之論著。

(四)培養撰述學術性論著及敎導應用文

大學教育已開始進入學術研究之初段，而大一國文爲工具教育，以此課程來陶養學生撰述論文的能力，那眞是再合適也沒有了。學術研究的本身，容有程度高低之別，一位大一學生可能還談不上眞正的學術研究，但若在此時施以正確的「論文寫作方法」，就很可能是最良好的時機。論文難寫，要寫出好的論文更難，但學習「寫作論文的方法」並不困難，一個能考上大學的青少年，只要施以正確的方法和理論，敎之以必然性的原由，則在一年級能學好「寫作論文的方法」，應該是輕而易舉的事。而且，事實上如若訓練一個學生去學習「寫作論文的方法」，看來還只有在大一國文課中訓練，才是最合適的。

在訓練學生「寫作論文的方法」之際，不僅要學生學會「如何發掘論文題材」、「如何決定論文題目」、「如何構擬論文題綱」、「如何蒐集論文資料」、「如何整理分析論文資料」、

「如何運用論文資料」、「如何撰成論文」、「如何界定章節之分配」、「如何處理所引用之文字」、「如何使用論文之註腳」、「如何排列參考書之書目」等等，各項之細節，都必須詳盡深入的講解，同時每學期要練習撰成一或二篇小型論文，定期交卷。每一論文必須具備各項論文必備之規格及項目，論文雖不大，但麻雀雖小，必須五臟俱全，因爲這是練習，凡練習就必須各項都全備。

無論中外，凡書信、公文都有一定的格式，學會這種格式並不困難，但未學過的人必然是一竅不通，寫出來的東西一定是不合規格的。大學教育固爲培養學術人才而設，但畢業後到社會上各方面去發展的人才，也是各有各的前程的。無論是進入政府機關工作，抑或參與私人機構工作，書信、公文等應用文件總是與知識分子息息相關的。

這些常用的文件如：書信、便條、名片、公文、會議文件、契約、規章，甚或慶弔文字、聯語、題辭等等，都隨時有可能遇上自己的，而大一國文課，對這些應用文的訓練，也是責無旁貸的事。而這些文字的訓練，事實上也不困難，只須揀取重點，說明格式，令學生依式練習一二次，也就可以運用自如了。

(五)練習上臺作學術性的口頭報告及講解

本文所主張的「書面報告」旨在專題研究，獲取新知——求「約」；而「口頭報告」旨在交換心得，增長經驗——求「博」。二者皆爲本課程經改革後的重要課題之一。因爲本課程的改革重點在使學生由中學時代的被動學習，一改而爲當今的自動教育方式，所以除了前述的那些「自動利用圖書館」、「自動蒐集學術研究資料」、「自力撰寫學術性論文」、「自知利用各類工具書籍」之外，更須「自動上臺作學術性的論文之宣讀」，這是訓練上臺經驗，放膽向大衆講話，隨機訓練口頭報告，學習口才及發表能力的一個重要關鍵。

往昔在中學時期，除少數學生曾擔任班級幹部，有上臺練習講話之機會以外，多數學生都不曾面對大衆發表過言論。本課程令學生撰寫成的一些書面報告，無論任何一位學生均須上臺練習發表意見及宣讀論文的能力，此不僅可爲將來的學術發表鋪路，同時也在訓練每一位學生講話的膽量和發表的口才。

三、教材方面之改革

(一)廢止傳統的課本教材

傳統的大一國文，各大學都編輯有一本包括數十篇古文的選文課本，有些大學偶亦加入少數幾篇白話文，但因大學生比中學生程度高，白話文可以解釋發揮的部分不多，多數的白話文只消學生自我閱讀，即可了然胸間，無勞教授來發揮詳解了。唯此之故，所以各校大都偏重於講解古文。因此，各校所選的文章都大體相若，出入不會很大，若以一位教過十年國文的教授來說，那幾篇文章已準備過若干次，講得滾瓜爛熟，教了若干年代之後，自可不必費心準備，每次打開了課本，就可像「唱國歌」一樣熟練地唱將起來。因此，教國文教久了的教師，對國文都有一些職業性的老練，也有一些職業性的疲態，每年講的都是那幾篇文章，每次講的都是那些固定的語句和詞彙。以語文這方面來說，學生從小學開始接受的學習方法，與國中的方法並無太大的區別，到高中的國文課依然一成不變，到了大一之後，竟也依然如故；教材不變，教法不變，學習的過程，像是國文課的「留級」，久久如此，難免削減興趣。於是有的學生遲到早退，有的學生乾脆輪流缺課。入學以後，最好不買新書，把二三年級學長的古版老書承受下來，書上有注有譯，考試時只須稍加準備，即可順利過關。學生稱大一國文爲「營養課程」，鐘點多，學分多，應付易，得分不難。於是，這一個很重要的課程，被貶爲無須經心的不重要課程。

以前述的情況來看，於是許多國文教師以外的其他教師也把國文看成是不必要的課，可以廢止，因此形成大一國文課的危機。但筆者認爲，國文課仍是很重要的課，只是必須經過一番改革罷了。改革的第一步，就是先要不用傳統的課本，另訂新的教材題綱，那就是下文所提議的專題教材。

(二)不用傳統課本，師生共訂專題研究綱目

本文所提議之革新，主張不採用任何傳統課本。筆者在此短短一年中，就實際之需要，與學生共擬若干「專題」，每一專題均擬出六至八個綱目，綱目之下可就專題性質再擬細目，要求學生就題綱之內容，到圖書館搜尋資料，撰成專題報告，於上課時輪流上臺作口頭的論文宣讀，凡

尚未輪到報告或已經報告過的學生，則須靜靜地聆聽，詳細地作筆記並提出問題討論。筆記卽作爲考試時的溫習資料，將來考試，卽以所報告之各專題內容爲範圍。口頭報告過後之學生，必須將所報告之材料，整理爲「小型論文」，呈交指導教授評閱，以代替舊式課程中要做的「作文」。凡上臺報告的學生，其舉止態度、用辭遣句，以及內容中肯與否，均由任課教師列入平時成績的評分。口頭報告過後之專題，照例要徵求在場大衆發言，提出討論意見，如有不能解決的疑難，則由任課教師解答。

每學年開始的第一個專題是「學術性論文的撰寫方法」，先由教師講述要點，再由學生就此專題提出討論，然後撰成書面報告由執筆學生向大家宣讀。研討過此一專題之後，全體學生以後所撰寫的「專題報告」，就必須依照「學術性論文的撰寫方法」中所討論過的規格和要點來撰寫，每一篇都必須是一篇格式完備無缺的學術性小論文（約在五千至一萬字）。玆列舉第一篇專題討論之題綱如下：

專題名稱：學術性論文的撰寫方法：

1. 前言。
2. 如何發掘論文題材。
3. 如何決定論文題目。
4. 如何撰擬論文綱目。

5. 如何蒐集論文資料。
6. 資料的分析與歸類。
7. 撰寫之方法及規格。
(1)章節的分配。
(2)引文的規格。
(3)注腳的方式。
(4)參考書的排列。
8. 撰寫的進程。
9. 結論。

爲初入學之大一新生方便起見，第一篇專題宜給予列舉若干可直接參用的參考書，以政大圖書館爲例，屬於「學術性論文的撰寫方法」這一專題的參考書頗多[3]。以外的專題，如能由全校的國文教師共同商定，可採全校一致的題綱，以所報告過的專題內容命題考試，更能看出學生實際的程度，可盡量以問答題考試，不必一字一詞的翻譯、解釋了。

若以全班三十五位學生計算，可將學生分爲五小組，每組至少五至七人，以收互相切磋之效，每人每學期撰寫專題報告一或二篇，每學期提出十個專題題綱，令學生選取兩個專題來撰寫報告，每一專題至少要有五至七人，以選取自己比較有興趣的專題爲原則。然後分頭進圖書館撰寫報告，於上課時在課堂登臺作口頭報告。學生有了作業可作，一則可提昇其學術研究的興趣，再則就不會遊手好閒了。

㈢本篇所擬定的專題教材

因爲國文課本身負有傳承我們固有文化的重任，所以專題的性質仍以中國文化的基本精神爲基礎。若學生在此一年中能學得「撰述論文」、「蒐集資料」、「利用圖書館」、「使用工具書」，則日後進行各科系本系的專精論文也就可以參酌應用，暢行無礙了。茲詳列筆者所暫定之專題及部分題綱如後：

1.學術性論文的撰寫方法（綱目見前文，此處從略）。

2.工具書的類別及其使用方法：

⑴前言。

⑵何謂工具書。

⑶工具書的重要性。

⑷工具書分類：

①字典、辭典、韻書、字書。

②類書、百科全書。

③年曆紀元、年表、年譜。

④人物傳記。

⑤地理方志、地圖。

⑥書目、提要。

⑦典章制度。

⑧論文期刊目錄。

⑨書畫金石目錄。

⑩遊覽指南。

(5)工具書的使用法。

(6)結論。

3.國俗常識專題：

(1)前言。

(2)歷史朝代順序及各朝開國君主。

(3)干支、年曆、五行、生肖。

(4)歲時節氣。

(5)名、字、號、諱及其沿革。

(6)姓氏淵源。

(7)婚俗。
(8)喪服簡介。
(9)各類慶典。
(10)結論。

4.儒家學術專題：

(1)前言。
(2)儒家學說與中國文化。
(3)儒家的宗師。
(4)儒學的基本精神：
①仁義。
②論性。
③致中和之道。
④修爲的歷程。
⑤自修與用世。
(5)儒學對中國學術的影響。
(6)結論。

5.道家思想專題：

(1)前言。

(2)道家的自然觀。

(3)無爲、無我與歸眞。

(4)絕聖棄智與柔弱沖虛。

(5)齊物論。

(6)養生論。

(7)逍遙境界。

(8)結論。

6.墨家思想專題：

(1)前言。

(2)摩頂放踵利天下而爲之的利他主義。

(3)兼愛非攻論。

(4)節葬非樂論。

(5)天志明鬼說。

(6)服務的人生觀。

(7)結論。

7. 法家思想專題：

(1)前言。

(2)法家的性惡自私觀。

(3)法爲無上準則論。

(4)法的客觀性。

(5)信賞必罰論。

(6)刑期無刑說。

(7)進化論。

(8)知識論。

(9)無神論。

(10)結論。

8. 佛家思想專題：

(1)前言。

(2)佛學中的空性與無常。

(3)心物二界與生住異滅論。

(4)因緣生象說。
(5)悟空解脫論。
(6)佛者的修持養心法。
(7)佛教與佛學。
(8)結論。

9. 散文專題：
(1)前言。
(2)散文的歷史及淵源。
(3)古文散文與新文藝散文。
(4)散文與駢文、韻文之區分。
(5)新文藝散文與詩歌、小說、戲劇之區分。
(6)散文的體裁分類。
(7)實用散文與文藝散文。
(8)如何寫作散文。
(9)結論。

10. 韻文專題：

⑴前言。

⑵韻文的歷史與淵源。

⑶韻文的音律種類：

①語音的音長、音強、音高和音色。

②長短律與短長律。

③輕重律與重輕律。

④高低律與平仄律。

⑤音色律與諧韻律。

⑥節拍律與揚抑律。

⑷各類韻文的音律。

①古詩律與近體詩律。

②詞律。

③曲律。

④新詩的音律。

⑤民歌及謠諺。

⑸如何誦讀韻文。

(6)如何製作韻文：

①緣律（平仄、用韻等）。

②鍊句。

③句式（一般句與對偶）。

④修飾。

(7)結論。

11.現行公文專題：

(1)前言。

(2)公文的意義。

(3)公文的沿革及現行的格式。

(4)公文的種類。

(5)公文的處理程序。

(6)公文的格式：

①發文機關及文別、年月日、編號。

②受文者。

③副本收受者。

④主旨。

⑤說明。

⑥辦法。

⑦發文機關首長。

(7)注意要點。

(8)結論。

12. 聯語專題：

(1)前言。

(2)聯語的起源及意義。

(3)聯語分類。

(4)聯語的平仄、對仗及製作法。

(5)聯語的用途。

(6)緣聯語而生的題辭。

(7)題辭的基本規制及作法。

(8)結論。

13. 其他專題如：書信專題（便條附）、中國文字專題、聲韻知識專題、經學專題、子學專題、小說專題、詩學專題、詞學專題、曲學專題、話劇、電影、電視劇專題等。

四、教法方面之改革

本課程在教法方面注重學生自學，任課教師從旁輔導，以顯示大學生教育之特色，最重要的改革就是：

(一)在學生方面

在學生方面就是把在中學階段那種偏重被動的學習方式，改爲主動和自動的方式。雖然，學生所要研討、報告的專題綱目由教師提出，供學生選定，但如果學生願意提出專題，可以參與擬訂大綱的話，整個課程的專題及專題綱目也不妨是可由全體學生來商討研究以決定的。

至於據題綱到圖書館蒐集資料，因資料之多寡而修訂題綱，對資料之整理分析，分類撰成章節，形成一個完整的短篇論文，這其間的一切過程與努力，就完全是由學生自己自動自發而完成的了。

書面報告完成之後，每人均須依預定的教學活動逐一發表，要上臺作口頭的宣讀報告，把書面報告中的內容，詳明地說解給全體同學聽，在臺下作聽衆的同學，則須將報告內容中重要的部分隨手筆記下來，因爲本課程的期中考試和期末考試，都以各學生所報告的內容爲命題的主要依據。

負責口頭報告的學生，當他報告完畢之後，必須接受同學提出問題，記下所有的問題，而後予以解答；若自己不能解答，可接受其他同學的共同討論，提供解答意見，若全體同學均不能解決此一疑難問題，最後再請任課教師表示意見。

(二)在教師方面

從教師方面來看，本課程在教法上最重要的改革是，原來由教師主講課本，改由學生自學。教師最重要的工作在爲學生決定專題，訂定綱目或指導學生擬訂題綱。當學生上臺報告時，教師須注意報告內容缺失之所在，而在該學生報告完畢時予以獎勉或補充並評分；若逢學生有疑難不能解決時，則教師須輔導其解決問題，或直接給予問題之解答，以使疑難盡釋，對專題內容有充分而深入之了解。

尤其是在學年之初，教師必須將此教材教法作詳盡的說明，指點學生如何利用圖書館，如何蒐集資料，如何撰寫報告，如何上臺宣讀報告，如何討論，說明各項必須特別注意之事項，進而更須於學年之初帶領學生進入圖書館，參觀一下圖書的列架及分類。

對學生的書面報告，必須仔細的評閱，雖不必句句改正，但必須對「報告」的章節架構、引文規格、段落行款、書目排列、注腳運用等各方面，予以正確的指點與矯正，指明缺失，務須做到眞正合乎「學術性論文」的基本規格爲止。

此一教法，教師在講解方面遠較傳統教法輕鬆，但須預爲規劃，多方輔導，更有繁重的評閱報告工作，而學生之得益則因主動撰述、主動報告之故而收效顯著，學習興趣更遠高於傳統教法。

五、改革後所產生之效果

筆者曾用此教材及教法自七十六學年度起試行兩年，並曾於年末時要學生作文一篇，題爲「一年來的大一國文」。在學生作文中因採用此一教材教法所反映出來的共同要點有以下數端：

(一)培養獨立自主的精神：要學生自動蒐集資料，自力撰述論文報告，親身上臺報告，可培養學生獨立自主的學術研究精神。

(二)有濃厚的趣味感：每一同學都有上臺發表論文的機會，大家都覺得興趣比上任何其他科目都濃厚得多，而且在不知不覺中加強了自己的口才。

(三)有廣大的教材面：教材的範圍擴大了，不限於死讀幾篇古文，可學到很多實用的知識和具有深度的學術內涵。

(四)教材教法活潑生動：因教材的多樣性，教法的靈活性，進行運用之際可產生許多生動的機變性，所以更能提高學習的興趣和意願。

(五)出席率特高：實施此法教學，因上臺講解之學生係由教授臨時抽點的，所以教師根本不必點名，同學便會全體出席，且各上臺同學所報告的內容，列爲考試命題的主要依據，所以學生們便不能不仔細聽課了。此法比靠點名以迫令學生勉強上課的情況好得多。

(六)增加了同學間的聯繫和了解：因爲報告過的內容要命題考試，有時聆聽報告不夠周全，因此往往需爲考試而聯合作考前的溝通準備，於是因而增加了同學們相互間的了解與深切的感情。

(七)創造了共同合作的機會：各組間的合作討論，因而增加了同學間的相互認識，進而可更加深今後的合作。

(八)大一其他共同科目可參酌此法行之：大一國文以外的其他科目也可採行這種教學方法來上課，因爲這是非常生動可用的一種教學法。

歸納學生所反映的意見，大體有以上八要點，很明顯地可以看出來，大一國文經過這番改革之後，其效果可以說是相當良好的。

六、結語

大一國文，是我國學生學習國文的最後一年。從國文的重要性來看，它不僅是訓練學生掌握和運用語文工具的重要課程，同時也是促使學生加深認識民族精神和文化傳統的重要依憑。近數十年來，多數國人只把眼光集中在物質文明與經濟發展方面，所接受的觀念和學習的手段，幾乎完全是歐美那種資本主義的思想，把民族精神與道德修養，早已拋出九霄雲外，如若再長此以往，未來會是怎樣的一個局面，眞是令人憂心不已。

大一國文之重要，原是顯而易見的。但因時代轉變，社會觀念重利輕義，於是就以爲只有商科的課是最重要的，只有電腦課才是最尖端的，而對傳遞民族精神與傳統文化的國文，卻視之爲可有可無，甚且可以廢止的了。

筆者曾在新加坡任敎大學十餘年，當地大學所有的課程都採用英國大學制度中的「導師制」（Tutorial），即教師於教學時，只講科目內容之大綱要點，介紹參考書，指明各章各節之要點，然後令學生利用課外進圖書館去蒐集資料、撰寫讀書報告，然後再令學生輪流上臺作口頭宣讀，宣讀報告之後再令全班共同討論，最後再由教師訂正。大一國文之教學，既因目前客觀環境之轉變，而被人目爲不重要，甚且有提出廢止之議，這不是國文本身之過，而是國文的教材教法不能因時制宜、因人（學生）制宜，而產生了被人誤解的結果。無論如何，大一國文仍然是十分重要的，絕對不可輕言廢止，只須全體國文教師起而改革，則國文在大學中之地位，自必屹立不移，應是無可置疑的。任何國文教學改革，須先由教師從「講述選文」的窠臼中跳出，另闢新徑，否則都很難起衰振敝，廣收宏效。本研究係從試行中獲知的做法和看法，倘能廣爲推行，自有更待研討改進之處。

注釋：

❶ 見羅宗濤、張雙英著：〈改進大學國文教學芻議〉，文載《教育專題研究》第二輯，教育部人文及社會學科指導委員會主編。三民書局，民七八，臺北。

❷ 以政大爲例：在以往，由學校專案通過，普通科系的大一國文，全年必須做十篇作文，中文系必須做二十篇作文，其後幾經系務會議改進，普通科系減輕爲八篇，中文系減輕爲十六篇。每作一篇，必須由教師在下一篇未做之前批改完畢發還學生。到年終更須裝訂成册，清點篇數，開一全校性的作文展覽大會，缺少一篇，學生都是要受懲罰的。

❸ 例如：

王錦堂譯 (B. H. Durson 等著) 一九七五 《大學學術寫作》 (*Thesis and assignment Writing*) 東華書局 臺北

王國璋編 一九七五 《學術論文的寫作方法》 三民書局 臺北

戈達斯柯・葛特納爾 一九六一 《研究方法與報告寫作》 中華文化出版事業社 臺北

宋楚瑜 一九七七 《學術論文規範》 正中書局 臺北

一九七八 《如何寫學術論文》 三民書局 臺北

言心哲 一九六七 《大學畢業論文的作法》 臺灣商務 臺北

林源泉、郭崑謨 一九八四 《論文及報告寫作概要》 五南圖書公司 臺北

馬凱南譯（Kate C. Turahion 原著） 一九八二 《大學論文研究報告寫作指導》 黎明圖書公司 臺北

段家鋒等 一九八三 《論文寫作研究》 三民書局 臺北

恩敏 一九七九 《大學論文研究與寫作》 文致出版社 臺北

陳善捷 一九八一 《如何利用圖書館資源和寫作論文》 東華書局 臺北

一九八三 《如何研究與撰寫論文》 正中書局 臺北

曹俊漢 一九八一 《研究報告寫作手册》 聯經出版社 臺北

張春興 一九七八 《撰寫研究報告》 東華書局 臺北

人社叢刊之十五

黃季仁

人文、科技、教育整合觀研究的試探

作者簡介

黃季仁，別號維均，早年畢業於國立西南聯合大學，繼赴美田州師範學院 (George peabody College for Teachers)，印州大學進修研究。來臺前，曾服務於天津市教育局、國立北京大學、教育部。來臺後，先後服務於臺灣省教育廳、師大附中、考選部、國家科學委員會，現任職於行政院科技顧問組。並在：國立中興大學、國立臺中師院、國立臺灣師大、國立臺北師院兼課達二十餘年。

人文、科技、教育整合觀研究的試探

黃季仁

一、前　言

時代不斷的進步，社會持續的變遷，日新又新，以變爲常。「科技」一日千里，「人文」百花怒放，「教育」是以今天去照亮明天（Education lights tomorrow with today）。三者之間，交互激盪，展現出燦爛而令人迷惘的情景，如何使其互動互補而整合，是當今世人的重責，亦爲國人的大任，「天下興亡，匹夫有責」，對此，願作一研究的初步試探。

二、人文與科技的互動

科技的突飛猛進，是現代社會的主要特徵。所謂「科技」，簡單的說，就是科學化了的技術。從近代科技來看，科學觀念的創新，推動技術、工程的發展；技術、工程的創新，也推動科學的進展。往往由於一項工程、技術的創新，開發出另一科學領域。科學、技術、工程的分界，愈來愈不明顯。

此處所謂「人文」，卽廣義的人文社會的總稱，具體分析言之爲：經濟、法律、政治、社會……等。

人文與科技的互動關係，分下列兩項來說明：

(一)「科技」對「人文」的影響

1.科技對經濟的影響：

強有力的經濟，必須以科技發展爲核心，特別在今天這個知識、資訊爆炸的時代，如果沒有進步的科技作前導與主導，工業升級、經濟發展，都會倍感困難。尤其是我國的經濟，在當前轉型與升級的關鍵時刻，追求科技的突破與創新，更是當務之急。茲就工業、農業、服務業三方面，簡述於後：

(1)科技工業，是指將科學家的研究成果，具體的產品化，加以應用的生產工業，此卽「科學爲體，工業爲用」的產業。舉例來說：一九四六年貝爾實驗室，發明電晶體後，才有電子工業的誕生。接著雷射、HiFi 唱片、身歷聲電影、半導體積體電路以及微晶片的推出，改變了整個電子工業的面貌與實體，攀登上電子工業的高峰。

⑵新科技的投入，使農業呈現出「巧奪天工」的美麗遠景。「大天而思之，孰與物畜而制之；從天而頌之，孰與制天命而用之」。這是荀子在其〈天論〉中的名言，此種「制天」、「用天」的睿智遠見，在二十世紀今天的農業領域裏，可逐步的具體實現了。

⑶服務業，是工業與農業以外的產業，隨著時代的變遷，社會的進步，服務業層出不窮，日新月異。現在以及未來的服務業，是高科技與進步的企業管理的綜合產物。在硬體方面如：電腦、自動化設備、雷射、衞星、核子及生物科技設施；軟體方面如：工程與管理資訊、「思想庫」(Think Tank)、電腦製作程式等，都成爲服務業的主流。一方面豐富國民生活，一方面輔助經濟向更高境界發展。

2.科技對法律的影響：

科技發展迅速，影響於法律層面者，越來越多。一爲科技發展所帶來的利益，如何以法律去保障與發揚？一爲科技發展所帶來或將帶來副作用的弊害，如何以法律去指引它、維護它？

新的情勢，衍生新的問題。新的科技活動，所造成的權益損害，如何確認其責任而獲賠償，原有民事法律，目前很難去因應、去處理。各種公害以及一般商品、食品、藥品……中所帶來的損害事件，就是最好的例證。其次，商標、專利、著作權等智慧財產，因科技發展而情況大變，亦使傳統的法理、法律，難以作適當而有效的保障。又科技發展的結果，致犯罪的對象、種類、手段擴增，亦須創立新法，以爲對策。還有在刑法上，亦可因科技發展而產生亟待解決的問題如：生活環境的維護、科技祕密的保護、電腦犯罪的處理……等等。

3. 科技對政治的影響：

世界權力與財富，將由新科技的革命而重新分配，誰能掌握最新科技，誰就是執世界政治的牛耳。科技的發展，以新科技性的武器出現，修改了地緣政治的傳統觀念。國際政治與軍事優勢，屬於在高科技上，佔有領先地位的國家。因此科技是國家的財寶，也是戰略的資源。

4. 科技對社會的影響：

科技不斷革新進步，形成人類的「大趨勢」而進入時代的「第三波」，電腦科技與傳播科技，導致「資訊社會」以排山倒海之勢，正向人們挑戰。它的影響，從社會演進史的觀點著眼有：

(1)從生產方式來看：農業社會，偏重資源採集；工業社會，崇尚生產製造；資訊社會，則以資訊活動爲主。

(2)從基本資源來看：農業社會，爲土地；工業社會，則重原料與資本；資訊社會，是腦力與知識。

(3)從生產技術來看：農業社會，停滯在手工藝層次；工業社會，重機械技術的發展；資訊社會，則爲高科技的應用。

(二)「人文」對「科技」的影響

1. 經濟對科技的影響：

(1)經濟發展提供科技發展的有利環境：

經濟發展是無止境的，求變求新；爲科技發展，鋪下了一條平坦的道路，促使其（科技）求進、求精。

(2)經濟提供科技發展所需的財力：

科技發展的路，不是很平坦的，在發展過程中，摸索嘗試，障礙與瓶頸，所在多有，如欲突破，其中條件之一，卽須藉助充分財力的支援，始可有志竟成。此卽企業家所謂之「間接成本」是也。美貝爾實驗室，在科技創新上，頗有成就，實有賴其公司予以財力之助。

(3)經濟指引科技發展的方向：

在經濟方面，新產品的開發、新生產方法的採用、新市場的開發、新原料來源的取得、新經營方式的運用，在在都需要科技，提供了科技的「用武之地」。

2. 法律對科技的影響：

法律是人類行爲的規範，社會生活的準則，生活內容，不外食、衣、住、行、育、樂等項，無一不與科技有關，而深受科技發展的影響。法律爲規範社會生活，很自然的與科技發生密不可分的關係。現代法治國家一切設施與作爲，無不依據法律，科技發展，當然也不例外，或修改舊法，或訂定新法，以期建立起一個有秩序、有規則的法律環境。科技發展是自由自發的高度心智活動，在有法可循的情況下，始有順利進行之可能與機會。如：法律對自由的保障，有助於心智活動探求新知，以及對「智慧財產」的維護。因此，我們可以說：法律實爲科技發展提供最基本的條件與環境。

3. 政治對科技的影響：

政治是管理衆人之事，科技發展屬衆人之事，當然與政治有關。政治環境如不安定，科技的發展受到牽掣，很難有成；反之，政治環境安定、清明、進步，就會爲科技發展帶來滋潤與營養，使之順利進行，蒸蒸日上。美、日兩國政府，以巨款支持第五代電腦的研發工作，這是政治的決策，影響科技發展的最好例證。

4. 社會對科技的影響：

此處所謂「社會」，是指龐大的人羣以及各種社會性社團而言。一個社會的人們或社團，其思想、觀念、態度、行爲等等的運作，假如是開放的、積極的、進取的、創新的，那它對科技的發展，可有正面的催化作用、激勵作用、支援作用；反之，是封閉的、消極的、保守的、迷信的，那它對科技的發展，則有負面的抑制作用、羈絆作用、延宕作用。在前者社會裏，科技發展，一日千里，日新又新；在後者社會裏，科技發展，停滯不前，事倍功半。

5. 人文對科技的影響：

此處所謂「人文」，是狹義的。一般人的想法，人文對於科技的影響比較少，也許是，但不能說「沒有」。人文對於人的看法、做法、意識型態、人生哲學……等，對科技都有很大很深的關係。科技發展，靠人來推動，而人離不開人文的影響，因此，我們可以說，科技離不開人文的影響，也許是直接或間接，也許是有形或無形的，也許是正面或負面的，總之，或多或少是免不了的。

三、人文教育

(一)人文的意義

前面已作說明，在此，擬重述一遍。

1.廣義的人文：經濟、法律、政治、社會……均可包括在內。

2.狹義的人文：涉及文、史、哲、藝術、道德、宗教等等各層面。

3.抽象的說：人文是人生精神生活的範疇，泛指一種人生理想，或指中國特有的一種「思想型態」。

(二)人文修養的內涵

1.「修養」的新看法：

修養一辭作何解，在此，擬作一新的詮釋。在中國教育文化傳統中，一向很注重個人的修養，家庭裏的長輩，學校的老師，對年輕的一代，時時諄諄教誨，耳提面命，講來講去，修養是其中的重心。「自天子以至庶人，壹是皆以修身爲本」（《大學》），修養是老生常談的話題，老生何以常談？或許是，它是十分重要的緣故。

修養很重要，是大家所肯定的。但「修養」究竟是什麼，怎樣去修養，前人的說法，比較抽象，不容易了解與掌握。在此，擬從心理學、教育學的觀點來談。

簡單的說，修養就是行爲持續性的改變。所謂「行爲」是指外顯行爲與內隱行爲而言，外顯行爲係表現於外者，有目共睹，衆人皆知。至於內隱行爲，潛藏於內，不易爲人所察覺，如：思想、觀念、意識、動機……等等。

所謂「改變」，其意有二：一爲「減少」，在社會生活適應過程中，不合用、不合理、不妥當的行爲，應加以革除，此種革除的歷程，由有而無，或由多而少，就是「修」，一般常說的修正、修改、修理等詞，其意大致類此。另一爲「增加」，在社會生活適應過程中，合理的、合用的、正當的行爲，應予以加添，此種行爲加添的歷程，由無而有，或由少而多，就是「養」，一般常說的保養、養成、培養等詞，就含有這個意思。

所謂「持續性的改變」，其意是：知道了還不夠，最重要的是要行爲持續下去，這與從前所說的「下功夫」之意，有點相似。

總括來說，通過較長時期的學習與努力的歷程，使行爲產生持續性的向上向善的改變，就是

「修養」。

2.人文修養：

上述已將修養一詞，加以說明，接著要談的「人文修養」是什麼？通過較長時期的學習與努力的歷程，使行爲產生人文性、持續性向上向善的改變，就是「人文修養」。

「人文性」何所指？就是行爲改變的內涵，要符合人文的要求，下面擬對此點，作進一步的探討與說明。

(1)人文學識：對經濟、法律、政治、社會……各方面的知識，有基礎性的認知；對文、史、哲、藝術、道德……各方面的理念，具共通性的了解；對「人生理想」的涵泳，特別是中國特有的「思想型態」的領會與體會。

(2)人文精神：基本上，把人當做「人」看，「民主」，是從這個觀念衍生出來的，發展人性，弘揚人道，培養人格，維護人權，並推延到「親親、仁民、愛物」。

(3)人文頭腦：現代社會是一個動的社會，應以「一靜不如一動」的新觀念，使「天行健，君子以自強不息」的哲理落實；動員人的智慧，正確、合理、有效的運用科技性的器具，使「人定勝天」的觀念落實；工、商業社會，人與人之間，直接間接相互依存的關係密切，關懷不必曾相識，使「四海之內皆兄弟」的新倫理落實。

(三)人文教育的界定

基於以上的說法，「人文教育」是：通過人文學科「教」與「學」的運作與互動的歷程，促使學習者，具有人文的修養。具體來說，人文教育，應在課程結構方面，教學法方面，予以特別注意：

1.在知識教學之外，應重視情意教學。
2.重視價值教學與實踐道德能力的培育。
3.鼓勵學生互助合作，輔導學生自我認識。
4.強調倫理、民主、科學的教學理念。
5.學校校園內的人文氣氛的創造及潛在課程（Hidden Curriculum）的注意。

四、科學（技）教育

(一)科學、技術、科技的意義

1.科學是什麼？

科學是研究、探討宇宙間自然現象的一種學問。包括物質與能量，都是實際上的存在，可量測的「東西」和事實。

科學的認知，是「純」認知的，它與感情、價值、希望、要求等等絕緣的。科學是從多而異中，尋找出簡而同者。

2. 技術是什麼？

科學重在求「知」，幫助人們「了解」世界，屬於觀念系統；技術重要在求「用」，幫助人們「改變」世界，屬於行動系統。

換句話說，「技術」是把科學經由觀察、分析、假設、實驗、研究、求證……等過程，發現事物的原理原則，設計製造出實用性的物品、用品，去滿足應用上的需求。

3. 科技是什麼？

簡單的說，「科技」就是科學化了的技術。就人類生活史來看，技術遠早於科學，現代的技術，幾乎全經過科學的洗禮，科學也靠衍生出來的技術（如儀器……），來擴大、提高其影響力。時至今日，科學與技術，很難截然分開，而幾乎合而爲一。科學觀念系統與技術行動系統，透過複雜而精密的「工業化」歷程，緊密結合而成爲大家所熟知的「科技」。

(二)科學修養的內涵

科學修養是什麼？通過較長時期的學習與努力的歷程，使行爲有科學性、持續性向上向善的改變，就是科學修養。

「科學性」何所指？就是指行爲改變的內涵，要符合科學的要求。

科學修養的內涵是：

1.科學知識：

知識是多元的，人是需要多元的知識，在現在科技社會裏，最需要的是科學知識。所謂「科學知識」，就其「性質」言，科學知識是有事實根據的知識；是經過處理的知識；是經過驗證的知識；是有條理、有系統的知識。其次就「功能」言，科學知識是有「解釋」的功能；有「預測」的功能；有「控制」的功能。

2.科學精神：

科學精神，求眞求實而已。求實之實有二：一爲事實之實，談科學，一切要根據事實，尊重事實；一爲實在之實，科學活動，要講實際、重實踐、求實效。至求眞之眞亦有二：一爲眞理之眞，科學研究，或活動，重在求新知、眞知，不在求用；一爲眞誠之眞，說眞話，做眞事，不欺人，也不自欺。

3.科學態度：

(1)客觀：一爲不自我中心，一爲不感情用事。

(2)虛心：在心理層面上，具開闊的心理、開放的心理；在行爲層面上，求新求精，日新又新，不以現狀爲滿足，精益求精，力求進步而突破；在科學研究活動層面上，小心假設、虛心求證，資料不全或不確時，不作判斷，沒有充分證據時，不急於發表。

4.科學頭腦：分析、綜合是也。

(1)所謂「分析」：面臨著千頭萬緒的情況，經分析的處理，可使之有條不紊，而條理化。

(2)所謂「綜合」：面臨著東鱗西爪的情況，經綜合的處理，可使之一以貫之而系統化。前者是由合而分，重在同中求異，可稱之爲「洞察力」；後者是由分而合，重在異中求同，可稱之爲「統合力」。

5.科學方法：

科學之所以爲科學，不在研究題材，而在研究方法。因此物理學是科學，占星學不是科學；化學是科學，鍊丹學不是科學；地理學是科學，堪輿學不是科學。其次科學之可貴，不重在結果，而在方法，有了正確、客觀、有效的方法，科學的結果，自會產出。

(三)科學敎育的認定

1.科學敎育的界定：

科學敎育是什麼？一般性的說法，它是：通過數、理（物理、化學、生物、地球科學……）學科、技術性、工程性的學科「敎」與「學」的互動與運作的歷程，促使學習者成爲具有科學修養的健全國民。

2.科學敎育爲什麼？換言之，它的目標何在？

(1)鋪路的作用：科學敎育，是爲了科學各學門，養成專家學者，預爲鋪路。

⑵準備的作用：科學教育，提供將來從事職業性、技術性工作人員的基礎訓練。

⑶培養的作用：科學教育，是通過數、理學科「教」與「學」的歷程，培養具有科學修養的健全國民。

前面第一項，人數較少；第二項，人數比較多一點；至於第三項，才是科學教育的最大多數對象，也就是科學教育的基本任務與重點工作之所在。

五、人文與科技的整合

(一)從歷史層面去看

1.人類文明(化)起源，大都在水利灌溉技術最發達的地帶。古亞洲西部，東自波斯灣，西至地中海，北接亞美尼亞及小亞細亞山地，南抵阿拉伯一帶，形成一新月形區域，史家稱之為「肥沃月彎」。在這區域間，幼發拉底河與底格里斯河，流貫其間，自然環境，與埃及的尼羅河、中國的黃河相似，同爲遠古文化誕生之地。

2.歐洲在十五世紀民族國家的形成，其中原因之一，要歸功於火炮的發明，由於火炮的威力，足以摧毀城堡，貴族無法擁城自重。

3.產業革命之後，工廠式的生產方式，是近代都市文明的濫觴。

4.一九二〇年代的前後，歐洲婦女解放，一部分是由於人文思想、人道主義的影響。深一層去透視，是由於打字機與電報的發明，需要婦女去操作打字機、電報，不得不讓她們去接受教育。

5.美南北戰爭時，正是惠特尼發明軋棉機的時候。在此之前，南方黑奴一人每天只有一噸的產量，有了軋棉機之後，黑人的生產力，提高二十倍，人道問題提升爲經濟問題，由於「技術」的進步，隱然是一場經濟戰。

6.十七世紀，人類在天體力學上的成就，促使人類利用自然的信心大增，人類隨之覺醒了，自己是宇宙的主宰。歐洲的「啓蒙運動」、「理性主義」，也因之而起。凡此種種，是爲後來「文藝復興」鋪好了路。

7.名經濟學家熊彼德說：近五十年來，資本主義國家經濟的成長，絕大多數是來自科技進步的貢獻。

根據以上事例，說明了人類文明（化）發展過程中，如文明、經濟、國家的形成、都市的興起、婦女的解放……等等，科技是最具關鍵性的變數。從這些歷史軌跡中，可隱約的看出：人文與科技二者間，本來不是對立分離的，而是相互依存互補互動，很自然的有整合的趨勢。

(二)從理念層面去看

科技與人文，本屬一體，由近若干年來，科技發展，突飛猛進，對人文社會，造成重大的衝擊。事實上，科技需要人文社會的支援與滋養；人文社會，亦需要科技的充實與促進。我們不能單站在人文社會的立場說：社會上若干負面現象，是由科技發展所造成，因而抗拒科技、拋棄科技；同時，也不應站在純科技的立場，不管人文社會而「旁若無人」式的一直往前走，甚而還說：人文社會成了科技發展的絆腳石。從高層次的角度來觀察，二者是應「整合」的，合則兩利，分則兩害。

1.相互爲用，不分彼此：

近代西方科技，無論在起源上、發展上，皆有人文思想或爲先驅，或相伴隨。現代科技發展，對於人文社會，亦有正面負面影響。科技爲一系統，它是構成文化系統中的一個次系統，顯然的，科技是蘊含於人文系統之中。

牛頓的力學理論，本是物理界中的事，但其影響，卻左右了三百年來的宇宙觀與人生觀，把來世的天國人生觀，一變而爲今生今世在地上建立天國的人生觀。達爾文的進化論，本是生物界的事，但其影響，卻把進步的人生觀，牢固的深植於人們的心中。愛因斯坦的相對論，本是科學界中事，但其流風所及，竟影響到人文社會的基本思想。

就中國哲學思想言，「天行健，君子以自強不息」，前者（天行健）是科學（物理）的觀察與事實；後者（自強不息）是由前者推衍出來的人生行爲準則。

科技與人文，一而二、二而一，科技中有人文，人文中有科技。有此共識後，不論從事那一項工作，「著手」處，可能有異，但在「著眼」點，應有一整合的、系統的看法，不能顧此而失彼，更不應顧此而害彼。

2.「文質彬彬」的社會化：

「文質彬彬」，是中國傳統完美人格的典型，是就個人而言的。在現代科技社會裏，似應將此理念，擴而大之，推延至整個社會，而成爲完美社會指標。

「質」與「文」的意義，實即「本、末」、「體、用」的另一說法。人文與科技，宜作和諧、合理的調適，本末兼顧，體用並包，促進整合性的生活素質提高，而非僅止於生活水準的提高。

3.目的與手段：

科技發展是「手段」，謀求人文社會的福祉，才是「目的」，手段配合目的，手段始有意義與價值。科技對人類所產生的用處，多是手段而非目的。電視、電話、飛機……等等，帶給人們很多方便，但電視上所播的內容，電話中所通的談話，乘客飛來飛去所做的事，「科技」既不聞，也不問，而且也管不了，這些都是「人文社會」應關心注意的範圍。吾人應認清目的與手段，同時，也應促使手段，密切而正確的配合目的。

4.積極的思想(Positive thinking)：

現實，不可能是十全十美的。人文社會與科技發展，均可能有正面負面的產出。但一個人或一個社會看問題，重要的是要從好的一面、光明的一面、積極的一面，去看、去想、去適應。兩利相衡取其重，兩害相衡取其輕，擴大正面功能，沖淡負面的影響，不可因部分負面影響而否定了正面。世事禍福相倚，是老子睿智的看法，凡事有好有壞，有得有失，進一步說，所謂禍福、正負，很難確定，有時，通過處理的過程，可化負爲正，轉禍爲福。

5.善用優點：

科技發展，只要通過人文，加以整合，掌握其正確方向，善用其優點，實可爲人類帶來或創造更多的福祉。「利用厚生」，本是科技的重要功能，但是否合乎「正德」，在「人」不在「科技」。刺人而殺之，曰：「非我也，兵也」（孟子），這是不正確的說法，也是不健康的心態。

6.科技觀念的推延：

科技領域裏，有不少觀念、理念，除了用之於科技本身外，亦可推延到人文社會方面而予以整合。

(1)系統觀念：

所謂「系統」（System），是許多不同的部分，基於一定的程序，相互聯繫、結合、支援，並作和諧的運行，以達成其共同目標，此一整體，卽稱之爲「系統」。一部汽車，是一系統，一隻手錶，是一系統，一個人的身體，也是一個系統。一個大系統中，包含若干不同的次系統，次系統的次系統等。此觀念應用到科技領域，在有所作爲「前」，應先作「系統分析」，在作爲「中」，應作「系統處理」。社會是一整體，文化也是一整體，系統的觀念，推延運用到人文社會各層面，就可強化人們對環境的適應力，辨事的「生產力」，並可促進二者間（科技與人文）的調適與整合。

⑵可靠度觀念（Reliability）：

近十餘年來，電子機械，發展迅速，其零組件體積很小，數量很多，因此零組件的可靠度，至爲重要。一個小小的零組件損壞，整個系統，卽受其影響而無法運作，等於全部失靈。社會、國家，亦應如此，想求其安定、安全、安康，所有設施，應求其分布均勻，不可過分注意某一部分而忽視另一部分。運用「截長補短」的模式，遏止過度發展部分，加強發展不足部分。在發展過程中，對最易出問題的脆弱部分，要特加注意。

⑶最佳化觀念：

最佳化（Optimization），是科技範疇中的一個觀念，其意義爲：「對某一問題的目標函數求最佳解」。社會上若干事情，並無絕對的對與錯，另有相對的優與劣，我們想辨一件事，在諸多變數（成本、效果、損害、以及附帶的利弊得失……）若干選項中，加以比較評估，擇其最有利者，達成最佳的產出。

吾人在社會上、政府裏，採取決策、措施時，常常是在許多可能性之中，擇其較佳最佳者而已。十全十美不可能，讓人人都滿意，也不可能。

有了以上各項看法，作爲「共識」基礎的前提下，科技與人文整合的問題，或可迎刃而解。

六、人文教育與科學(技)教育的整合

(一)人文教育的重點與走向

1. 人文教育的重點：

(1)把人當「人」看：

「天地之性人爲貴」，這是中華文化價值體系中國寶級的一個重要觀念。把人當「人」看，是我國文化的精髓，更是現代社會的普遍信念。人是生而平等的、自由的、「民主」的一套理論，就是從這個基本觀念中衍生出來的。

民主政治，一方面需要法治作基礎，一方面更需要人文作基礎。你是人，我也是人，我尊重你，你也應尊重我，民主的眞諦，是「求和」而非「求同」。「和」，首先要肯定、承認，人是各有不同的，由不同而求得和的歷程，就是民主。

教育，應了解學生的個性，尊重學生的個性，並進而設法去充分發揮其個性，此爲近代新教育特點之所在，亦卽人文教育重點之所在。

(2)盡己之性：

人文教育的目的，在「盡己之性」，具體的來說，就是培育每個人能：

①自我了解：由無知的我到有知的我，而形成自知之明。

②自我擴大：由小我而大我，關心的對象，不限於自身，而要擴及到許多身外之人，身外之事，身外之物。其次，由現在的我而未來的我，由短暫而永恆，「三不朽」，即此意也。

③自我成熟：在情緒上成熟，在行爲上成熟，使人格趨於堅實與完美。

④自我實現：適合自我的能力，配合社會、國家的需要，不厭、不倦、不息的去對其個性，作高度的發揮。

2. 人文教育的走向：

在今天、明天現代科技社會中，人文教育的走向應是：

(1)就生活態度言：理性重於情感，生活中的優先次序，由傳統的情、理、法，而走向法、理、情。

(2)就羣體關係言：普遍原則，重於特定原則，就事論事，不因人而異。《論語．爲政篇》：「君子周而不比」的古訓，歷久彌新，頗富時代意義。

(3)就成就動機言：成就重於職位，國父孫中山先生說：「做大事不做大官」，就是這個意思。

(4)就價值觀念言：進取重於保守。《論語．述而篇》：「與其進也，不與其退也」，又《論語．子罕篇》：「吾見其進也，未見其止也」。孔子的教育態度，就重視積極進取，人文教育的推行，應把握此一要點。

(5)就行為規範言：實踐重於空談。《論語・學而篇》：「敏於事而慎於言……」；《論語・為政篇》：「先行言而後從之」，教人以實行為先，言之於既行之後；《論語・里仁篇》：「君子欲訥於言而敏於行」；《論語・公冶長篇》：子曰：「……今吾於人也，聽其言而觀其行」；《論語・憲問篇》：子曰：「君子恥其言而過其行」，說得多，做得少，是一件可恥的事。

上述孔子的教育，重點之一，是崇尚實踐而輕空談，今後人文教育的走向，在此可獲得新的啓示。

(6)其他，可以此類推，務期溫故知新，推陳出新，而臻於日新又新之境。

總之，人文教育的推展，應特別注意「時」的因素。「禮，時為大」（《禮記》）；「五帝殊時，不相沿樂，三王異世，不相襲禮」（《樂記》）；「孔子，聖之時者也」（《孟子》）；「世異則事異，事異則備變」（《韓非子》）。時代在變，環境在變，科技社會，更是「以變為常」，人文教育的內涵以及推行的方法，應隨著時、空的改變，與其同步而進步。

(二)科學（技）教育的重點與走向

二十一世紀，轉瞬即到，我們應積極推行科學教育，更應倡導：由「知識中心」的科學教育，走向「人性中心」的科學教育。科學教育不僅是知識教學，更重要的是價值教學。通過科學教育運作的歷程，不僅訓練學生成為「有用之人」，更重要的是要陶冶學生成為「有福之人」。

1.不僅教以如何去做，還應教以如何去思。

2.不僅教以方法，還應教以其意義。

3.不僅教以知識，還應教以理想。

4.不僅教以工程可行性的重要，還應教以工程背後的後果及影響。

5.不僅教以以「物」爲對象，還應教以以「人」爲目的。

6.不僅教以「如何謀生」（How to make living），還應教以「如何生活」（How to live）。

印度已故哲人甘地，他認爲「沒有人性的科學」，是世界七大危機之一。大科學家愛因斯坦，曾對美國加州理工學院學生會演講說：「……單是學會了實用科技，還是不夠的。關心人類和人類未來的命運，是一切科技發展的主要目標。這樣才能使我們創造出來的東西，能造福人類而不至貽禍人類。你們在弄圖表和方程式的時候，千萬不要忘記這點。」

哲人的醒世名言，暮鼓晨鐘，這是高層次科學（技）教育的指導方針，值得吾人三思而深思。

(三)人文教育與科學（技）教育的整合

科技與人文的關係，是不可分的，科技中應有人文，人文中應有科技，如何通過各式「教育」的運作歷程，讓二者整合起來，使科技人文化，人文科技化，這是當今世界的大問題，更是我國目前的一個大問題。

1. 科技人文化：

通過科技教育的運作歷程，使學習者，不僅具有科技素養，還應具有人文精神與人文頭腦，去推動科技發展，讓人們不再對自然感到無能爲力，而不再受其威脅，並能創造出一個可以令人舒適而和諧的生活、生存下去的科技世界。

⑴由於科技的發展，人們有了更大的實現理想的可能性，不但可以促進更多的生產，以供分配，並可用更爲合理有效的方法，來從事分配，使人類生活逐漸的邁向「既不患寡又不患不均」的理想境界。這不是在大、小貧之間去求「窮平等」，而是要去求「富平等」，既「富」矣，而後「均」之，這就叫做「均富」。老實說，人文化的科技發展，才可使民生主義眞正的落實而具體化。

⑵科技的發展有助於人格的提升。由於人對外在世界的利用，亦更能促其內在的自由與思想的提高。三百多年前，培根（Francis Bacon）提出：①用科學的力量，來征服自然；②通過科學的知識，來認識自然界的眞面目。前者是科技發展有助於「生活」的改善；後者是基本科學的研究，有助於「人生」精神境界的昇華，由知其然（Know What）而知其所以然（Know Why），提升了「格物致知」的層次。

⑶人腦與電腦結合，「體」、「用」互補：

今天的社會與世界，資訊快速膨脹，如何去掌握資訊、交流資訊，是一大問題，全球各種不同的語言，構成資訊交流一大障礙。

利用電腦科技，發展「機器翻譯系統」（Machine Translation, M.T.），以克服人際間、國際間語言的不同的障礙，M.T.，是一項電腦人工智慧的產品。在二十世紀以及未來二十一世紀，它將扮演重要角色，爲人類建立溝通的橋樑，突破語言的隔閡，促進知識、文化的交流，邁向「地球村」世界大同的理想。

其次，還是有進一步貼身的翻譯師，它是可攜帶的掌上型的「電子字典」，即「電子翻譯機」，成爲人類最親密知識性的好朋友。它有以下的功能：

①字典查閱與辭句翻譯。

②常用語查詢翻譯。

③傳統的計算功能。

④資料記憶功能（如：電話號碼、筆記備忘……等）。

未來的電子翻譯機，容量會更大，翻譯語言種類會更多，操作會更快，更方便，擁有一部，促使人們語言溝通，暢行無阻，隨身一機，有事「電子」服其勞，行萬里路與讀萬卷書，可一舉而兩得，就「人文」來說，眞是太好了。

(4)醫學科技與醫學倫理：

時至今日，醫學是一種高科技，日新又新，濟世活人，有目共睹。但無可諱言的，由於社會多變因的衝擊，「醫技」是進步了，「醫德」卻未能與醫技同步、進步而「缺德」了。是以：在醫學科技教育進行的過程中，似應加添一點人文化、人性化的教育，不妨開設「醫學倫理」這一類的課程，對一羣立志「不爲良相，當爲良醫」的學子，強化其醫德教育，使醫學科技發展與醫學倫理，獲得適當的平衡，讓人類在與疾病戰鬥中，不居於下風，同時，也讓人類社會不致於成爲只有醫學而無倫理的社會。

(5)科技與藝術：

藝術是屬於人文中的表現系統。所謂「表現系統」，是指一個社會人羣，運用感性方式如：文學、繪畫、建築、雕刻、音樂、戲劇……等等，來表現其認知觀念、理想信仰與價值規範。科技教育，促進科技發展。由於科技的迅速發展，發現並製造出許多新的材料、工具，可供藝術創作使用；同時，科技的發展，改變了人類的處境，也提供了藝術創作許多新的題材。

2.人文科技化：

通過人文教育的運作歷程，使學習者，不僅具有人文修養，還應具有科技學識與科技頭腦，去待人接物，齊家治國，一方面知道如何去解決問題，一方面又能去適應環境。「格物致知」，宋儒只用其作爲修養的手段，現在，正是科技研究的態度。「奇技淫巧」，是昔人對科技的看法，「玩物」而又「喪志」；在現代社會裏，科技是可「利用厚生」，玩物不喪志，甚至可以「勵志」。使科技役於人，而不使人爲科技所役，以「科技」去充實人文新的內涵，以「人文」

去端正科技發展的走向。下面願以分項舉例的方式來略加說明：

(1)觀念：

生活在社會人羣中，久而久之，形成了牢固的看法與觀念，坐井觀天，不能突破而習以爲常。

幾年前（一九八五年），沙國親王沙爾曼，有一次，他參加太空之行，事後感慨良多，他說：「如果地球上的搗亂鬼，能來太空中俯瞰一下地球的話，他們可能會改變心意。當你們在太空中看到地球上的國界消失的情形，不要說是中東問題，即使是全世界的動亂不安，都是很奇怪的事」。這種高層次的看法，就是使用高科技所帶來的。在此，聯想到孔子「登東山而小魯，登泰山而小天下」高境界的思路，是很有道理的。

另一位中國太空科學專家簡建堂博士說：「太空中若干個星球中，到目前爲止，只有地球的環境，最適合人類生活（這是科學的事實）。面對這項大自然的恩賜，人類應以感謝及珍惜的心，來愛護地球，保持良好的生活環境。國際間，亦應以和諧共處爲原則，實現世界大同的理想（這是人文）。」

(2)應變：

在多元化、多變化的現代科技社會中，我們不應拒變、厭變，而要喜變、樂變，以變應變。因此，分析、判斷、選擇的能力非常重要。

未來社會，需要更有創意、更有智慧的下一代，未來的教育制度與運作，必有大的彈性，纔能培養出未來所需要的下一代。

我們唯有加速吸收新觀念，改變自我，包括思考方式、價值觀念等等，方能適應這個新世界。

(3)思考：

通過教育的運作，培養一種以人的幸福爲職志的情操，在科技冷酷的數理運算中，應加多一點點人文取向的思考。

人們在享受科技發展成果的同時，也必須樂於接受科技化社會更多的新規範如：法律的規定、道德的約束，以及若干的社會公約。人們受益於自已發明的科技工具，就必須學習去適應它創造出來的世界，如此，大家纔能享受美好、和諧的生活，以促使人文、科技均衡的思考與同步，形成一個平衡的人生。

(4)精神：

中國人具有一種內在的精神力量，促使自我不斷的向上奮發，自強不息，此種日新又新「依自不依他」的人生態度，與科技發展的走向，是十分吻合的，最富於現代科技性的。

在中國思想中，人是創進不已的，自然也是創進不已的，創進不已的人，應該參與並提升自然生生不息的歷程。此種創新精神，正是科技時代最需要的人文精神。準此，未來人文教育，似應對此特加注意與弘揚。

(5)安全：

在公路上「行」的安全，不是單靠「小心」兩字卽可，而是涉及許多「科技」如：汽車引擎的設計、剎車的設計、車體避衝的設計、輪胎急剎力設計、安全帶的設計，還要加上駕駛訓練、交通規則……等等的相互配合，才能達成。

(6)勤儉：

中國人最講究勤儉，「克勤克儉」，是過去的人生格言；「勤儉爲服務之本」，是現代的青年守則。時代、社會的變遷，勤儉的意義，固然有其人文面，更重要的有其科技面。

①就「勤」來說：現在的科技社會中，「勤」有其新的內涵與走向。

A.由用「手」的勤，走向用「腦」的勤，注重研究發展，日新又新。

B.由「有恆」的勤，走向有「方法」的勤，懂得方法，運用方法，就可提高工作效率與品質。

C.由單打獨鬥的勤，走向團隊合作的勤，羣智羣力的運作，卽可化難爲易，化不可能爲可能。

D.由純體力的勤，走向運用科技性器具的勤，就可事半而功倍。

②就「儉」來說：

傳統的儉，大都就個人節約而言，比較偏重在用錢及消費方面，範圍小，當然是不錯的，但是還不夠好。

在這裏從另一角度，就「科技」的觀點，來探討「儉」的問題，以節約能源爲例來說吧。十多年前，全世界發生了「能源危機」，只要石油國家組織開會，它的一言一行，就會引起全球密切的關注，現代的「賣油郎」，出盡了世界性的鋒頭。以我國情形來說，當時只要石油每桶漲價一塊美金的話，國家全年就會增加好幾億的支出，政府規定節約能源的辦法如：商店霓虹燈，每晚提前關閉，電視至遲晚上十一時一定結束，三樓以下電梯不開放，會議室的電燈只開一半，這一些臨時應急措施，有其必要性，但只是治標性的儉，應從科技的觀點，去作較積極而治本性的儉。

根據科技專家的研究，在臺灣由於導電率不良的銅電線，造成能源的浪費，一年內高達兩億度，這是何等的「不儉」。還有：年來臺北市火災成因，以電線走火佔百分之二十三。品質不良的電線，不僅使消費者多繳電費（個人的不儉），並導致多數房屋毀損而造成公共危險（社會不儉）。爲此，從國家整體儉的觀點，通過科技性的處理，鼓勵廠家生產高級銅電線，確保其品質符合國家標準。

再者，我們在心理上應有所準備，去迎接另一個新時代的來臨，那就是「超導體時代」。一般的電線，是用銅來導電，通過電流，會產生電阻，常有發熱現象。發熱的原因，就是電阻所產生的，熱也就是能量的耗損。超導體由於沒有電阻，在節約能源的效果上，達百分之百，這是何等的「儉」。

生活在現代科技社會裏，傳統「儉」的觀念，我們應該保持；更重要的是我們應接受現代「儉」的新觀念，不僅接受，還要加強研究發展，發揚光大，那就是「科技化的儉」、「儉的科技化」。

七、結語

時代的「第三波」(Third Wave)，浩浩蕩蕩，迎面而來，科技的威力，「上窮碧落下黃泉」，日新月異，無奇不有，新玻璃不碎、新塑膠強如鋼、新金屬有記憶、新陶瓷作引擎、塑膠貨幣（信用卡）、電腦藝術、智慧型大樓……，層出不窮，令人眼花撩亂，目不暇給，進入了活生生的科幻世界。

部分有識之士，蒿目時艱，「科技」道長，「人文」道消，因而憂心忡忡。事實上，科技與人文，是不必衝突的，是可以相互配合的。如把「科技」看作是「人文」的對立詞，那是對科技的誤解，也是對人文的誤解。人文的眞正對立面是「野蠻」，是對人的尊嚴與文化的殘害。科技與人文，都是人類文化的組成品，都是人類智慧經驗的產物。「科技文化」與「人文文化」，二者是可以整合的，是應該整合的。

科技是一把鋒利的雙面劍，科技本身是中性的，由於人使用的結果，而為正為負，為福為禍，假如有問題的話，其責任不在「科技」而在「人」。科技為人所善用，它就是最好的僕人；反之，人為科技所用，就是最壞的主人。科技非以役人，乃役於人，科技是「工具」，人纔是「目的」。

科技與人文的心靈是一體的，獨立與自由，不僅是人文實踐的條件，也是科技實踐的條件。科學中「不確定原理」，有似民主社會裏容忍的精神。一般人常把自由、獨立、寬容等觀念，侷限於人文的範疇。今後應通過人文教育與科技教育的合理安排與有效運作，促使下一代青少年，「文」（人文）「科」（科技）兼備，形成整合的文化觀。

人們在時代科技特快車上，不僅要扮演「乘客」的角色，更重要的是要扮演「司機」的角色，正確的把牢科技發展的方向盤，讓科技人文化，人文科技化，建立起一種以「人」為本的新科技文化，使潤屋潤身，謀道謀食，可兼籌而並顧，一舉而兩得。

二十世紀的腳步，行將到達終點站，二十一世紀，正向世人呼喚與招手，新的時潮，新的挑戰，人文、科技、教育整合觀的形成與落實，是吾人無可旁貸的時代使命，「日月逝矣，歲不我與」，有志之士，盍興乎來！

人社叢刊之十六

美國和德國課程發展的比較

嚴翼長

作者簡介

嚴翼長，畢業於臺大外文系、政大教育研究所、德國杜賓根大學教育博士、法國貝尚桑大學法語教師培訓班結業，現任高雄文藻外語專校副教授，過去曾擔任臺北強恕中學教員五年、德國科隆德國之聲編譯廿六年。專題論文散見於各專書和各教育雜誌，包括：〈西德大學教育〉、〈西德教育改革的動向〉、〈從西德的教育看我國教育的改革〉、〈英，法，德學制的比較〉、〈西德師範教育制度〉、〈西德、英、法學前教育的比較〉、〈西德的終身教育〉、〈西德教科書的理論與其編纂原理〉、〈西德教育行政〉、〈德國的公民教育〉、〈各國和各經濟團體和歐市的關係〉。

美國和德國課程發展的比較

嚴翼長

一、引言

課程是學校裏將有組織的經驗，按照一定順序，循著一定的目標以培養學生行爲傾向的材料。課程也就是學校爲達到教學目的的一切措施和辦法。這和以前的教材大綱只是詳列教材目錄和學習目標有不同之處。新的課程觀念是採用工商管理上系統分析方法(System Analysis)研究教學的詳細目標，並且指出階段目標和總目標的連帶關係，提示教學方法、教材內容和作業，最後還說明評鑑的方法。

美國早在五十年代便開始作有系統的課程發展(Curriculum Development)研究，有別於過去的課程研究(Curriculum Research)，課程編製(Curriculum making)和課程編纂(Curriculum Building)。西德關於這方面的研究較晚二十年，但是他們有系統的急起直追，在課程的編製上有相當的成就。課程發展不但改進教材內容，提高教學水準，增進教學效率，推進學校改革，並且可以作爲培訓教師的活動。我國目前正在討論教師進修問題，所以應該提倡課程發展的研究，如此可以一舉兩得。

我國近年來已經設立了課程研究機構從事課程理論上的研究，但尙缺乏實地的試驗和集思廣益基層的會議。玆介紹德美兩國課程發展的經驗，作爲我國今後課程發展研究的參考。

二、美國課程的發展

(一)美國課程發展的歷史

早在上一世紀末美國便開始課程大改革，美國學校漸漸擺脫歐洲學校，尤其是英國文法中學(Grammar School)的傳統，慢慢放棄了人文主義教育的理想。當時全國教育協會（National Education Association）的十人委員會（Committee of Ten）一八九三年提出中等學校改革建議，加強自然科學的教育。該委員會的建議在此後多年對美國的中等教育發生了很大的影響。二十幾年後，這項建議又已成爲明日黃花了。全國教育協會於一九一八年因鑒於中學生人數的增加而中學不僅是爲升入大學的準備，提出了中學校七大原則（Seven Cardinal Principles），指出了中學校有下列功能：1.促進健康與衞生、2.學習基本的技能、3.在家庭中幸福的生活、

4.準備將來的職業、5.承擔公民的義務並享受其權利、6.有意義地使用休閒時間、7.健全的道德觀念❶。這項建議對美國學校產生很大影響，於是中學校裏也設立了很多實用課程。

大概在同一時候美國教育學家杜威（John Dewey）❷提倡進步教育，並且在芝加哥學校進行實驗以兒童爲中心的教育。他提倡在做中學習，以兒童的需要爲基礎探討經驗，並且將經驗的獲得當作教學重要的活動。進步教育到最後階段反對上面所提的七大原則，並且反對以適應生活爲目的的課程（Life Adjustment Curriculum），因爲這種課程是以一種想法爲根據：只有百分之二十的學生宜於接受理論性的教學，而其他的只應該接受實際能力的培養❸。

一九五三年進步教育協會不受社會大衆的注意就解散了。杜威原來的意念很久就沒有被人採用了。

美國教育界在五十年代爲了要提高中等學校學生的程度，彌補高中教育和大學學術研究之間不銜接的情況，紛紛進行中學新課程的研究。一九五一年十二月伊里諾大學爲提高某些學院大一某些學科的程度，從事研究課程的改革。不久他們發現只有中學設立較好的課程才能提高大一學生的程度，於是設立了伊里諾大學的中學數學委員會(Committee on School Mathematics)，這便成爲美國中學課程改革的第一步。該委員會提出的數學課程重視學生演算推理的程序，而不僅是在校學生做練習演算的結果。學生們必須要瞭解一項定理是怎樣成立的，在敘述定理時要作怎樣的考慮。新的數學課程要使學生有機會體驗到自己新發現的快樂，並且將學習的心得表達出來。在這種學習情況下的學生不但學到數學的知識和演算的技能，而且可以培養數學推理的能力。

美國編纂課程機構往往編製現成的教學資料，這些資料是以課程標準爲基礎，包括課文、練習、家庭作業、參考資料、影片、實驗指引與儀器、教師手冊、教學目標說明和考試題目等。

一九五九年美國化學協會（American Chemical Society）曾委託一個委員會研究中學化學課程的目標和內容，希望改革化學課程。當時加州大學校長根據該協會的報告請國家科學基金會（National Science Foundation）研製一套高中化學課程。當時十五人指導委員會(Steering Committee) 即於次年一月提出了化學課程的一般目標，並且決定要編纂一本教科書，同年秋季新書完成並在一些中學校中試用。這本教科書是以學生的實驗爲基礎。指導委員中有四人負責寫實驗手册並且拍製教學影片；另外一組也有四人，負責編纂教科書。指導委員會成立半年後，克拉蒙特(Claremont)的哈微馬德(Harvey Mudd)學院在六個星期內就編出一本完整的教科書和與其相配合的實驗綱領，這便是第一期草編完成。後來舊金山和洛杉磯有二十四個學校的化學教師從八月份開始接受化學教育教材研究(Chemical Education Material Study)的訓練，他們後來在學校裏試用這些新教材。到九月份便對新課程作現場試驗（field test），於是這個計畫便到了評鑑的階段。在試用的一年間，那些教師每星期舉行一次研討會，以交換彼此的經驗。到一年結束，編製教科書者和教師舉行一次總結會議，研究所編的教材是否適用並求改進的辦法。當時發現有很多要改進的地方。到一九六一年夏季予以修正，後又編了教師手册，同年秋季又在更多的試驗學校裏試用，到一九六二年一共有一百二十五校的一百五十八位老師參加了化學教育教材研究。到一九六二年夏季又修訂了教科書、實驗綱領、給教師用的說明和成就考試的問題（Achievement Examination），這是第三次修訂。爲了整理各方送來的批評意見，在各試驗地區一共設了十個地區中心。到了一九六三年，一共拍攝了二十六套教學影片。教科書經整理後才正式付印，第一版十萬本很快地就售光了。到一九六三年有一〇%到一五%的美國中學採用了這本化學教科書。到一九六四年我國、日本、葡萄牙、西班牙和土耳其都申請翻譯這本教科書❹。

美國在發展新課程的初期注重理科和升學課程的研製，例如上述化學教科書的編製卽是。在物理方面由物理科學研究委員會（Physical Sciences Study Committee）編纂的物理一書將物理看做一座尙未完全定型的建築物。美國課程改革的最大目標之一是要使學生觀察這座科學建築形成的進程，並且將其中的某些部分當作尙未研究完成的事實，而是一層一層地研究問題的答案。學生不在記憶事實——這是我國大專聯考最大缺點之一——而是要基本地瞭解科學研究是怎樣達到這些研究結果的；學生要學習的並不是研究的成果而是要瞭解達到這種成果的研究歷程。學生們要以他們的稟賦與智慧去掌握這種歷程。在探討的過程中要更能發現科學精神，而不是教一套死板的知識。新課程特別重視學生獨立的探討和發現，如此新課程更重視學生獨立的試驗。

過去學生的試驗多半是在重做前人早已發現的事實，現在學生主要學習科學家們所採用的方法，讓他們去發現新的並提高他們學習的動機。現在美國的一些新課程包括一連串的問題使學生在實驗室解決、要求他們作正確的測量、對獲得的數據作適當解釋、作種種的假設，進行試驗而做出適當的推斷。

美國課程改革運動兩階段的第一階段，大約到一九六〇年爲止，大都是在短時期內完成了課程的編纂，暫時可以滿足部分的要求。到第二階段也注意到文科課程的發展。例如大學入學考試董事會 (College Entrance Examination Board) 經過五年的工作提出了一項關於英語教學很有意義的報告。這對以後英語課程、研製、目標的決定提供了很重要的基礎。他們提出的教材叫做：英文中的自由和紀律的概念 (Freedom and Discipline in English, New York 1965)。大約在同一時期教育測驗服務處 (Educational Testing Service) 提出一項關於文學教學和文選的報告❺也有同樣的作用。這時候其他各科目也有相類似的研究，進行分析和批評，往往附有關於新課程的建議❻。這一種的研究和報告使得這一階段的課程研究和設計有了更客觀和更廣大的基礎。

過去課程的編製往往著重教材內容的編纂，現在發展到一邊研究，一邊編纂(Research and Development) 的階段，多半由若干項目研究綜合而成的研究計畫。例如大克里弗蘭教育研究委員會 (Educational Research Council of Greater Cleveland) 就主張要編製富有想像力的新課程而不是去修訂舊課程。他們的辦法是首先向一些學科教師詢問對現有教科書以及其他教材的意見，然後根據討論的結果分析新訂課程的目標和內容。

在課程改革運動的第二階段就沒有像第一階段那樣有關於數學、物理、化學和生物學大規模的研製計畫了。歷來研製的計畫有兩個特徵：1.進行改革時墨守成規（established pattern），就是接受學校裏現有的分科系統。研製課程時就以一個科目爲孤立的範圍；2.研製課程時往往注意升學的目的。關於第一點，美國有些教育學家也看得很清楚；他們認爲，進行改革時要將課程看成整體而不是一科一科去謀求解決。關於第二點，美國教育學家大多數都予以接受。在研製課程的初期有很長時間注重實用的課程，而現在漸漸改變偏重升學一方面了。爲了培養將來的專門人才，現在更注意提高學生程度偏重理論性的內容了。很多心理學家認爲，學生如果能瞭解各科的基本原理和整體結構，由於學習轉移的原因可以獲得更大的益處。如果只是學習一些實際的知識而缺乏理論的基礎；這種的知識是不穩固的。但是我們也要同時注意，不是每個科目都要重視升學的目的，因爲學生的個性有差異，有的對藝術或技術科目更感到興趣。美國課程專家布隆納（J. S. Bruner）認爲課程不僅要包括大學裏設立的學術性的學科，也要包括政治和社會生活、藝術、文學和迅速轉變的工商業社會的內容。

(二)課程的目標和目的

當研究學校要教什麼內容時，通常可以指出一般要學習的目標，一切有關教材都是以這個目標(Aims)爲準繩，這便確定了學習的一般方向。如果用課程學家賽勒和亞歷山大（Saylor and Alexander）的名詞去說，便是政策的確定（Policy making）；如果由教師和學生決定要學習的特別內容，這是內容的選擇（Content selection）便是比較有限制的，具體的範圍，這便是目的（Objectives）。目標是較廣大的生活理想；這是很少能達到的；其作用就是在追求特殊目的時要使其互相聯繫和保持一定的方向。

課程的改革可以從三個重要方面去分析：1.教學的目標；2.教材；3.學習的經驗（Educational experience）。美國課程改革的理論特別重視學習的經驗。傳統的教材是以歐洲傳到美國的科目爲基礎，但是美國學校新式的課程要使教師、學生和校外人士都瞭解而體驗到達到目標的過程。美國兩位課程專家桑恩頓和鄔萊特（Thornton and Wright）[7]認爲：我們必須認清內容是學習目標統整的一部分。於是課程發展理論泰斗托巴（Hilda Taba）主張：在說明課程目標時應該描寫所希望培養成的行爲和這種行爲可使用的情境[8]。

美國課程的確定是以美國的社會價值觀念爲決定的標準，例如民主的價值和好的生活。賽勒和亞歷山大（Saylor and Alexander）認爲美國在教育上是以兒童和個人爲中心思想。由於個人是社會的一員，他的福祉、快樂和行爲便以他和社會關係的性質爲轉移……。並且以個人價值的尊嚴爲基礎[9]。於是美國的教育哲學便特別重視有效地發展智慧能力和理性的力量。一九六一年美國教育政策委員會（Educational Policies Commission）證實這種的傾向，認爲教育共同的目的就是在發展思考能力。

(三)自然學科的學習目標

行爲學家對自然學科學習的目標曾作廣泛的研究並且作了大規模的試驗。美國科學發展協會（American Association for the Advancement of Science）曾確定了他們所作試驗計畫以行爲爲中心的學習目標是⑩：認識（Identification）、認別（Descrimination）、推定（Construction）、指稱（Designation）、編排（Arrangement）、描寫（Description）、演示（Demonstration），歸納出原則來和原則的應用。但是蓋爾拉赫和蘇利萬（Gerlach and Sullivan）將其整理歸納成下列各項目：識別、描述、推定、安排和演示⑪。這些是各自然學科所要學習的共同行爲傾向。上述兩位教育家以數學爲例指出所謂「指稱」的意義，例如學生能認別三角形而指出其名稱來，這就是實現了學習的目標。在課程研製時特別重視這種與行爲有關的學習。課程學家埃斯納（Eisner）⑫，認爲各個學科都有自己的特殊學習目標，例如藝術的教學目標不可能和數學相同，所以不可能有對各學科都行之皆準的共同目標。

(四)社會學科的學習目標

這裏所指的社會學科的學習目標是由明尼蘇達（Minnesota）大學的一個課程研究單位在維斯特（West）領導下訂定的。他認爲學生們要學習如何取得社會科學知識的方法，這是民主社會中的公民所必須具備的能力⑬。他稱所提出的學習目標爲和技能有關的行爲目標（behavioral goals related to skills）。從這些目標的選擇和說明我們便可以看出確定學習目標時會遭遇到的問題：

他提出的社會學科的學習目標是：使以合理方法研討社會科學問題的學生注意到問題的矛盾，認識問題並且對這些問題感到興趣……有能力找到社會科學資料的學生應能使用在書籍上所附註的輔助資料，例如內容目錄、書目、圖書館目錄和提示字目錄……一個有系統研究地理的學生一定會瞭解附近的州和全國的面積和其他情況……能和其他同學合作的學生尊重他人的感觸而不放棄自己的原則，以客氣的方式批評別人的想法而不傷及他人的人格……他瞭解各個社會組織都需要規則，只要沒有多數票予以改變一定的規則，就應該遵守這項規則。

這項課程研究的目的雖然在確定社會學科的教學目標，但是所提出的指標並不限於這個科目範圍而已，而成爲整個教育的目的，例如表達自己意見的能力（Communicative Ability）。當提到發展人倫關係和民主道德時往往就超出個別科目範圍，這種態度的養成便成爲共同的目標了。

這裏提出的目標特別重視要學生形成的行爲傾向（Behavior Disposition）。在知識方面要具備一些學習技術如要知道資料的來源、測量的系統。有一大部分的學習目標是屬於做學問的技術方面，此外也注意態度的養成如對學習資料持批評的態度，養成正義和道德觀念等。

（五）美國課程改革的動機

上面說過，早在上世紀末期美國就開始課程的改革。一八九三年全國教育協會的十人委員會對中等學校提出改革建議時，原則上雖然仍重視人文教育的傳統，但是也開始著重自然科學科目了。到二十年代左右杜威（Dewey）提倡進步教育，對美國教育發生很大的影響但是也受到很多的批評，到一九五三年進步教育協會解散。五十年代開始美國各界對學校的課程作很尖銳的批評，於是有課程改革的運動，玆分析當時課程改革的動機：

1. 批評教育水準的降低

一般人將教育水準的降低歸罪於進步教育，於是要求加嚴學校的紀律，認爲學校應重視智慧的培養而不必過於注意社會行爲和實際技能的養成。

2. 美蘇太空技術競爭的影響

美國在第二次世界大戰後追求經濟的發展並且提高人民的生活水準。到一九五八年蘇聯首先將人造衞星射入太空後，引起全國的震驚。於是教育界提倡科學教育，重視自然科學學科的課程發展。

3. 知識爆炸性的發展

由於人類知識不斷的增加，學校課程的負擔也漸漸加重，於是便要考慮以那一種適當方式去教育兒童的問題。爲解決這個問題便有學習目標的研究，改變過去以教材內容確定目標的辦法，而以學習怎樣去學習爲教學的主要課題。

有關教育的基本科學，如心理學和社會學長足的進步，也要求對課程作新的調整。心理學和行爲科學研究不同的學習方式；認知和學習以及動機的研究都對課程提供了新的基礎。社會學對社會階層和教育成就的研究，尤其是對不同社會階層語言差別的探討，可以作爲課程研究的參考。有關社會學和心理學的周邊研究對教室內所採取團體動力的過程（Group Dynamic）使學生之間產生交互反應的效果，而收團體教學之效，以培養學生以語言發表的能力。

4.社會增加教育的需要

美國中小學的學生從一九五五年到一九六五年增加了三七%[14]，這是由於戰後人口增加的緣故。一般人也提高了教育的要求，但是美國社會貧富不均，向來不大注意低層社會族羣教育的需要。到六十年代發生黑人和學生的動亂，使人更注意到少數民族和未受惠者的教育問題；於是在電視上拍攝了「芝麻街」的節目，使兒童便利學習字母和數字以及正確發音和拼字的能力。聯邦政府撥了不少經費從事學前教育的充實。

5.採用教學新媒體和個別化的教學方法

由於教學新媒體，如電視、錄音機、閉路影片和電腦的普徧，使課程的發展有了新的趨向。在編製整套的課程時這些媒體有很大的用處。

六十年代初期美國學校很重視個別差異的學習。學生們有很大選擇的餘地。他們以不同的方法學習，希望達到相同的目標。甚至於程度差的學生可以追求最起碼的水準。

課程在方法上的分化必須要有詳細的教學計畫，通常要仰靠於教學媒體。一九六五年有人將這一年稱爲教育技術時代 (Educational Technology Decade) 的開始⑮。

(六)美國課程改革的機構

美國關於學校課程的決定本來是在地方教育局 (Local School Districts) 職權之下，但是他們由於缺乏經費和專門人才，很難擔負起這方面的責任來，所以課程的改革多由校外機構去推進，如基金會、大學校、教師協會和聯邦政府等。他們之間也進行互相合作。茲分述如下：

1. 大學教授

從事課程研究的各個大學由於有各科的專門人才，方便從事中學各學科課程的研究，這些大學校往往成立專門學科課程研製小組，所編的課程多以升學爲目的。最著名的有：

一九五一年伊利諾大學學校數學委員會(Illinois Committee on School Mathematics)。

一九五六年麻省理工學院物理科學研究委員會 (Physical Science Study Committee)。

這兩個課程研究委員會課程發展的結果已成爲美國課程發展的模範，他們的特徵是教學生如何去思考。

2. 職業和利益團體

主要是專門職業協會。參加工作的有學校教師和大學教授，例如發展經濟教育計畫（Developmental Economic Education Program）修訂了中等學校的經濟課程。美國社會學協會（American Sociological Association）成立了社會學科的社會科學教材計畫（Sociological Resources for the Social Studies）；美國科學促進協會（American Association for the Advancement of Science）編製了科學的課程。地理學家協會（American Geological Institute）編製了中學地理。美國生物科學協會負責編製了生物科學課程研究（Biological Sciences Curriculum Study）。

除了專門職業協會外，利益團體也參加課程改革工作，例如明尼蘇達的環境科學基金會（Environmental Sciences Foundation）。他們也和大學教授合作，有時候委託他們做課程研究工作。

3. 教師協會

美國目前有兩個重要的教師協會，美國教師同盟(American Federation of Teachers)和全國教育聯合會（National Education Association），他們在有些地方處於對立的地位。前者對課程的研製並沒有大規模的計畫，後者有很長久的歷史。從事學校教育者大約有六〇%屬於全國教育聯合會，在各州和各地方設有八千個活動中心，設在華盛頓的總會分設若干組，其中有一組是視導和課程發展協會（Association for Supervision and Curriculum Development），主要負責課程問題，該協會每年舉行課程研究專門會議，通常有幾千人參加。他們主張教師對教材內容和教學方法應有自由決定權利。他們對課程發展的影響並不很大。

4.出版商的「成功才算錢」的契約制度（Performance Contract）

美國是個資本主義國家，課程研究和教科書的發行當然也是各出版社競爭的對象。一九六九年首次見到出版社提供教材並且提出成功保證的辦法；那就是說，學生如果不能達到教材中所提示的目標，出版社便要退回書籍和補充教材的價款[16]。因此有些出版社也參加了課程改革的工作，甚至於也主持了一部分的教師訓練事務。這些教材還附有開始採用教材之前的測驗題和學習完成後的測驗題，經過測驗後學生如果沒有達到預期的目的，便不必付教材的費用，現在這種契約已經很普遍，甚至於對特別有成績的老師還付給獎金。

5.半官方的機構和基金會

美國聯邦政府在五十年代以前對教育事業都避免進行直接的干涉。到東西方冷戰時期，美國感覺受到教育上的挑戰，於是提倡科學教育。一九五〇年設立了國家科學基金會（National Science Foundation），由聯邦政府予以經費上的支持，其目的在促進科學的研究並改善數學和自然科學的教學，該基金會支持了全國自然科學課程的研究，於是有了物理科學研究委員會（PSSC）所編的物理課程，該基金會每年的經費達幾億美元。其他私人基金會如佛特・卡尼基（Carnegie）和克特林（Kettering）基金會每年也撥幾百萬到幾千萬美元支持課程和其他教育範圍的研究。克特林基金會也支持了課程理論學家古特拉德（John Goodlad）進行在學校裏的實際試驗。

6. 聯邦政府的努力

一九五四年合作研究法案（Cooperative Research Act）通過後使原來沒有很大職權的聯邦教育局（Office of Education）獲得權利和學校以及大學合作研究精神缺陷兒童的教育。七年後擴大到研製英語、外國語和社會學科課程。一九六三年該研究法案予以擴充，計畫在全國各地設立研究和發展中心[17]（Research and Development Centers）。接著在一九六五年又擴大該法案通過了中小學教育法案（Elementary and Secondary Act）。該法案的第三和第四項對美國教育今後的研究與發展有了重大的關係。第四項計畫在各地區設立教育實驗室（Regional Educational Laboratories）的補充研究和發展中心（R&D）的工作。聯邦教育局爲了促進教育的研究和改革以及資料的交換便設立了教育資料中心（Educational Information Center），這三個機構分別負責研究、發展和推廣工作。第三項規定對個別學校的研究計畫直接予以補助，這便是鼓勵創造性的教育計畫（Projects to Advance Creativity in Education）。該計畫接受學校或研究團體的申請，對他們的研究和發展項目予以補助。由於這項計畫美國研究課程的項目多不可勝數，其中大多數只是小問題的研究。

(1)研究和發展中心（Research and Development Centers）

研究和發展中心的任務在收集研究的結果，促進聯科整合教學的研究，使理論與實際配合，注意社會與行爲科學的研究。目前全國有九所這種研究中心。這些中心都是附設在大學校裏面，它們以不同方式和不同分量研究課程問題。附設在斯坦福大學的教學研究與發展中心特別重視教師訓練和精微教學 (Micro-teaching) 而聞名，這是用錄影機拍攝一位教師的教學過程然後再加討論與分析的方法。

(2)地區教育實驗室 (Regional Laboratories)

地區教育實驗室的任務是將教育，尤其是課程發展研究的結果很快地推廣到各學校作爲改革的基礎。教育實驗室是分區設立的。上述的研究和發展中心從事教育基本問題的研究，而教育實驗室著重研究結果的應用。例如斯坦福的教學研究與發展中心關於精微教學研究的結果，便在柏克萊的遠西教育研究與發展實驗室 (Far West Laboratory for Educational Research and Development) 試驗。全國目前有十幾個地區教育實驗室以不同方式從事課程發展和教師訓練。

(3)教育資料中心 (Educational Resources Information Center)

對索取資料者收費，提供資料包括摘要、書目、教育著作的影印本。該中心和全國十九個專門資料中心 (Clearing houses) 聯繫。

(4)課程發展和視導協會 (Association for Supervision and Curriculum Development in Washington D. C.) 每年出版美國各學科課程研究計畫。

(5)國際資料供應社 (International Clearing house, ed. Luckard) 每年也出版科學和數學課程研究的報告。

(七)課程發展結果和中學學科的增加

由於課程發展結果，美國中學學科大爲增加。據國家教育統計中心的資料，中學校的學科，和教學計畫從一九六〇年的一千一百科增加到一九七二年的兩千一百科[19]。各中學課程發展有下列各種情勢[20]：

1.六十年代初期發展的傳統學科的課程雖然還有人繼續使用，但是只有少數學校採用。

2.訓練語言能力和公開發表講話的課程在一九七二、七三年有一半以上中學校設立，但是在一九六〇年卻只有三五％，可見美國學校十分重視語言發表能力。

3.一九七二、七三年美國中學的課程比一九六〇年增加了一千多科，其中主要是補習課程和更新(Innovation)的課程，如太空知識、消費者常識和環保研究等。

4.牽涉到社會問題的課程大爲增加；如城市社會學、犯罪學、印地安人史、美非研究和酗酒、吸煙和毒品問題。

5.一九七七年有六四％中學繼續增加科目，尤其是非傳統學科大爲增加，例如社會學、人類學或心理學在七七・一五％中學設立課程；消費者知識六〇・四％；性教育三六・二％；職業常識二七・九%；環保研究二六・七%；婦女研究四・七%[21]。到高中畢業班還有各種各式可以被承認學分的課程（Alternative Credit Program），有六四・五%學校承認校外課程，五九・六%有個別設計學習（Individual Projects），五三・九%有空中教學課程，有五三・四%到大學校裏選科；四一・二%有夜班；一七・三%有校外生考試辦法。

一般趨勢都盡量使每個學生學了十二年後都獲得畢業文憑。另一方面也加強爲升學用的傳統學科。學校裏也設立許多和日常生活和實際問題有關的課程；這裏主要採取試驗教學方法，例如加強科，小科（Mini-course）和科際整合的學科，這樣便降低了高中畢業的程度，所以美國中途退學的中學生從一九七〇年便開始下降。

三、德國課程的發展

(一)德國課程發展的歷史

美國課程發展的研究在六十年代開始對西歐學校發生影響，西德在一九六九年才有美國課程發展書籍的翻譯。但是早在一九五四年德國教育顧問委員會（Deutscher Ausschuß für das Erziehung-und Bildungswesen）便發現德國中學校的課程已不能滿足近五十年來國家和社會意識和情況變遷的需要。這些課程仍然保持了過去文化精神、經濟和政治的風格[22]。

到了六十年代科學知識爆炸性的發展，社會發生變遷，職業上的要求有了變化，公民的責任也漸漸加重，但這些並不是影響西德課程改革的直接因素。眞正對課程發生影響的是西德關於學制改革的討論和高初中學制分化可能性的探討。一九五九年德國教育委員會發表了德國普通教育改革和統一計畫總綱[23]，這影響了德國中小學後來課程的改革。到了一九六七年西德課程學家羅賓森（S. B. Robinsohn）提出了一項報告[24]：教育改革應從課程改革著手。他主張學校學習的目標和內容的改革要以經濟和社會的需求爲主要核心。從這時開始西德教育界才漸漸注意到課程發展問題。當時喊出的口號是要提高教學水準並且提供學習技術上的完整工具。

一九六四年西德將五到八年級的高級小學改成五到十年級的初中（Hauptschule 主幹學校）規定也要學習英語和勞作。所謂的勞作（Arbeitslehre）也包括對經濟和現在勞動問題的瞭解，就是自然學科和政治教育也有新的課程標準。但是仍然保持了舊的形式，並沒按照新課程理論編製很緊湊課程方針（Stringentere Kodifikation）。課程方針需要由從事實際教學者，各學科的專家和教育學家共同制定。他們制定方針（Richtlinie）時必須確定各單元的教學目標（Ziele）和內容，事後還要試驗教學的程序（Sequenze）。經過這種過程編定的課程方針比歷來的課程標準（Lehrplan）要更確實而具體，並且對教師的教學設計也提供參考的資料。這種課程綱要也提供具體的教學模式（Unterrichts-modelle）和最後的評鑑方法。

目前赫森州（Hessen）特別熱衷於該州課程的改革，他們致力研究各科互相聯貫的目標的系統(Lernziel Systeme)，教學的順序，結果的評價和檢查成效的方法。他們一方面設法改革課程的內容，他方面謀求改進課程的結構。後者是根據美國所研製的整套教學包(Teaching learning-package)㉕編製課程的。

到六十年代中期西德各州都出版了新的課程方針(Richtlinien)或課程標準(Lehrpläne)或由政府在編製課程方針中。到了六十年代末期若干大學和研究所也在研究課程計畫，這多半是由於有關單位提出研究基金的緣故。一九七九年教科書協會統計全國有六百個各自獨立的課程研究委員會㉖。其中較重要的包括大衆汽車公司(Volkswagenwerk)基金會所支持的課程體系的初等教育實驗計畫㉗(Förierprogramm Curriculum Institutionalisierte Elementarerzieh-ung)，基爾自然學科教學研究所(Institut fur die Pädagogik der Haturwissenschaften)和北萊因維斯特伐利亞(Nordrhein-Westfalen)的畢勒斐爾德(Bielefeld)的實驗學校(Laborschule)和普通科五專(Kollegschul versuch)的試驗，後者相當我國的五專，一方面施以普通教育，另一方面給予現代化的職業教育。各州新設立的綜合中學試驗除了進行課程改革外，也推進課程發展計畫的研究。課程發展計畫和課程與教科書的改革有不同地方；前者仍按照一定的步驟確定教學在影響學生行爲上的目標，不但說明目標，還要闡述其道理，在教學時利用不同教具和設計的程序，最後還要進行評鑑。這種比較嚴格的課程研究一九七一年有一四四項，到一九七八年卻有了四百多項了㉘。這些研究的結果自從七十年代中期先後發表，成爲教材的一部分。

㈡課程發展研究結果的應用

這些研究出來的新課程到底發生了什麼影響呢？只有那些在各州新規定的課程方針中有了約束的效力或是在學校組織改革時有了作用。其方式多是各學科內容單獨的改革而很少有各學科結構上整體的改革，仍然尊重原有學科的架構，只是由各學科專家單獨進行研究。當年實行新數學教學時卻是例外，那是整體課程改革的一個例子。後來在德國語文教學中又增加了語言溝通科學（Kommunikationswissenschaft）的內容，已經不像過去那樣只注重文學和文字表達能力的培養了。過去的社會學科（Sozialkunde Gesselschaftslehre）只被看作是單獨的科目，現在改變成爲政治教育（Politische Bildung）就成爲貫穿各學科的教學原則了。

六十年代以後，德國學校在課程上的改革有：各種初中（從第五年級）開始都教英文爲外語（少數例外）。在國民初中（Hauptschule）的最後一年加上勞作科作爲職業準備教育，在這一年級也設有種種選科作爲職業分化的基礎，於是打破了初級中學一定要學習普通科目的傳統。高中則增加了哲學、教育學和心理學等選科。初中選科可包括法律常識、資訊學。有些州設法將歷史、地理和社會合成爲社會學科並不能普遍實現。但是各學校有時舉行聯科設計教學計畫（Projekt）。

㈢課程發展理論的研究

上面所提到學校課程目標、內容和組織的改變還不能算是有系統的課程改革。一九七五年西德由專家們出版了一本課程理論手册㉙。其中有一位名叫胡伊斯肯（Freek Huisken）的專家批評了傳統的課程，指出了兩點：一般編課程者往往提出一系列教材清單，列出一些空洞的形式上的目標而按照這些目標憑自己的想像任意選擇內容，而不顧到這些內容是否能達到教學目標或是否合乎社會的需要。而課程發展新法是要使教材內容在教學過程中就確實地驗證是否合乎預定的目標，是否能實現社會化的功能，因爲學生將來是要進入社會生活的，包括職業、家庭、娛樂消遣和公衆生活的各方面。所以課程發展特別重視目標的確定；不但是總目標而已，也要將每個單元的分目標列出，著重對學生的行爲引起的改變和評鑑的標準都列成方格表（Taxonomie 或 Matrix），作爲查對的根據㉚。

學習目標的方格表（Taxonomie）是與教育過程有關係的各種目標用列表方式說明的方法。最早是美國心理學家布洛姆（B. S. Bloom）採用這種方法比較美國各入學考試機構測驗的結果。這種方格表認爲所有的學習目標都可以用具體的行爲予以說明，這些行爲都可以在個人的行動上表現出來，由於學習目標過於複雜不能只用一個行爲去說明，所以目標方格表中將總目標分成很多分目標，用以說明一個行爲的各種組成的因素。

西德課程發展研究的先鋒羅賓森（Robinsohn）認爲傳統的課程都是根據各專門科學發展的論理系統來規定架構的，事實上學校教材的架構應該和論理系統不同。以往課程的改革只是注意各門科學的發展情況更新內容而已。他認爲這是不夠的。課程設計是要培養學生自己決定和參與團體決定的能力（Befähigung zur Selbst-und Mitbestimmung），使學生獲得實際經驗和處理經驗的方法，這樣才能算是接近生活的學習。至於怎樣能使學生實際體驗，那便是課程發展的問題。至於對學習成果的審查，以往僅是注重容易檢查的書本知識，而課程發展的研究會告訴從事教育者要從此種新角度去評鑑。

（四）從教材綱要發展成爲課程方針

課程的定義很多，廣義的課程包括學校整個有系統的活動，也包括達到活動目標的各種方法。教材綱要只是列明教學的目標和內容的要目，而課程方針還要列出教學的重要原則，並且說明決定教學的種種因素，檢討一個學校是否完成了任務的最好方法，便是評鑑是否已達到詳細列舉出來的目標。這些目標多是以行爲導向而訂定的，一方面根據學生心理發展順序排列先後的次序，然後據以決定學習的進度。美國出版商常常出版一種保證有效果的整套教材就是一個例子。最初有很多人欣賞這種完整式的課程（geschlossene curricula），但是，使用以後一般人才發現，如果以知識考查當作學校目標，而且以教材和學習方式爲唯一的選擇標準，那麽就會使學校失去自然。這也就是我國大專聯考制度最大的缺點。所以新式的課程就改變了政策，從封閉式的課程變成爲開放式的課程（offenes curriculum），使有關各方，包括教師、學生和學校當局在事前決定課程的內容。這種課程七十年代初期在英國頗爲盛行，當時西德還缺乏整套的課程資料包，還在著手研究以行爲爲導向的課程方針。

七十年代西德有些人從事美國新課程的翻譯和改編，例如歌庭根的教學研究小組（Arbeitsgruppe für Unterrichtsforschung in Göttingen）有兩位課程專家屠特肯（Hans Tütken）和斯普勒克爾森（K. Spreckelsen）便從事科學教育的研究，屠特肯等人有系統地改編了美國科學促進協會（AAAS）的課程（Science process approach 科學——重視過程的教學方法），他編製了以自然科爲中心的小學課程[31]。他的同僚斯普勒克爾森也編譯了美國的科學課程改革研究（Science Curriculum Improvement Study），介紹了強調課程結構的初級小學自然科教學（Strukturbetonende Naturwissenschaftlicher Unterricht auf der Grundstufe）[32]。他又編製兩個教學單元的成績測驗包括「材料和其特性」以及「學習夥伴之間互相的影響」[33]。

課程的研究需要學校和教師的瞭解和支持，所以他建議了教師培訓的方法。另外一位專家包爾斯費爾德（H. Bauersfeld）和他的同僚研製了以初級小學新數學爲基礎的課程，並且探討了兒童心智發展所受到影響和語言行爲的發展。

以上的研究都是在大衆汽車基金支持之下，特別重視各門科學教育學專家和學校當局的互相合作。他們甚至於以有獎徵求課程單元方法鼓勵這方面的研究。

七十年代德國政府在畢勒斐爾德（Bielefeld）設立了實驗學校（Laborschule）和五年制

專科學校（Oberstufenkolleg）從事有系統的課程研製，使整個學校與其配合，但是這個學校經過十年的試驗雖然有很好的成績，由於研究的費用過高，在一九八〇年便停辦了。

（五）西德管理和研究課程的機構

西德各州爲促進教育行政當局、教育學者和學校方面的合作，從一九六四年到一九七二年間分別設立了教育研究中心（Pädagogisches Zentrum），探討教育政策和設計問題。各研究所各有重點包括中小學、大學和成人教育。西德是屬於聯邦體制，教育權力是屬於各州。州政府主管自己一州的教科書和課程。別州出版的教科書也要經過州教育部批准列入教科書核准書單內才能在該州採用。關於各州推進課程改革的情況，我們可以舉巴揚州(Bayern)和赫森州(Hessen)作例子加以說明。

巴揚州在一九七〇年設立了政府教育研究和設計研究所（Staatsinstitut für Bildungsforschung und Bildungsplannung），後來又專門設立了學校課程綱要改革研究所(Staatliches-Institut für die Reform der Lehrpläne an den Schulen），前者研究教育政策和理論並且設法和基層機構交換意見，包括學生學習目標研討小組（Schüler Arbeitskreis“ Lernzielfindung aus der Sicht Jugend”）、全州家長協會（Landeseltern vereinigung）、教師協會（Lehrerverbände）和職業公會（Berufsverbände）等。

首先由課程改革研究所研製一些課程方針，以代替過去的教材綱要。課程方針（Richtlinie）

包括總目標 (Richtziele)、教學目標 (Grobziele)、教材內容、教學過程評鑑方法和教學指引等。

在課程理論上要求訂定具體可行的目標，現代化的學習結構(Moderne Lernstrukturen)和清晰的定義。所謂現代化學習結構是指按學生心理順序而不是學科論理順序編製的課程，這種以學習過程爲重點 (Prozeßorientierte) 的課程是一種開放的課程 (offene curricula)。例如高中新設立的「教育學」選科可以由教師自由選擇「青年犯罪問題」或「青年吸毒問題」爲教材讓學生參與討論；其教材內容雖然不同，但是使青年對現代社會問題有深入的瞭解，並且培養自己的判斷能力，即爲以社會爲導向的教學目標之一。

這些新課程都是先由指定的學校進行試驗，經過修正，然後才推廣。其中必須經過評鑑階段，這也就是培訓師資的教材以達到1.研製課程、2.試用新課程、和3.培訓師資的連貫目標。最後謀求整個學校的改革。

上述一些機構研究的結果交由教育行政當局作爲參考。按照國家基本法規定，學校教育是由政府教育單位監督，各研究機構並沒有參與決定權[34]，但是對政府提出的課程方針，可以提出意見。這對於職業公會特別重要。在研究課程改革時，實驗學校的教師、校長、課程專家都參加討論，然後將研究結果又和社會與職業界人士共同磋商。

另外一個例子便是赫森州 (Hessen) 的課程改革方案。一九六七年赫森教育部最初委託教育學術界人士研究，遂於六七、六八年舉行了計畫會議，研究如何確定一般教學目標的方法，以及如何配合學校改革的需要，並且成立了赫森州課程擬定委員會（Grose Hessische Curriculumkommission）。他們又分科舉行了會議，有時候有一百三十到一百五十人參加。他們發現如何確定總目標的方法是很困難的，尤其是要將傳統的教學的科目統合成一個總方案是不容易的一件事。他們要注意分析學生學習和社會目標的關係，要使他們發現社會中的自我，並且培養在社會中活動的能力㉟。

赫森州的課程發展特別重視用於教師培訓方面，使地方性的課程發展計畫和該州課程發展的總機相聯繫，該州將教師培訓工作分成大格勞（Groß-Gerau）和林堡（Limburg）等四個課程發展區域。這四個區域共有六十個教師課程研究小組，共有四百八十名經常的會員。這些教師從事學校中實際的教學工作，具有經驗，可以提出具體的建議，教育行政當局還設立了「教育顧問小組」（Wissenschaftliche Begleitgruppe）對他們進行學術上的指導。教育顧問小組的任務在分配研究工作，分析工作的成果，以團體動力（Gruppendynamisch）方法鼓勵教師進行有關問題的討論。

茲將赫森州從一九六七年到一九七五年從課程發展到課程綱要擬定的四個階段介紹如下作為代表，便可以瞭解其他各州發展的概況。

1. 赫森州課程擬定委員會的準備工作（1968-1971）。

2.各級學校課程草案的編制（1970-1972）。

3.課程的設計和試驗（從一九七二年開始）。

4.課程方針的頒布和實施。

課程方針的內容包括，目標的說明、教學的方法、組織的方式和結果的評鑑。在擬定課程綱要的過程中重視各方的意見，採取多元化參加討論的方式同時顧到學科論理和社會的需要，這種改革的目的是要打破過去的升學主義，使國民有平等的受教育機會。

赫森州新訂的課程方針，重視實際的生活和將來從事職業的經驗，於是提倡實驗的體驗以提高學生的創造能力。在學校方面注重養成自決和參與決定的能力，但是這項試驗忽視了傳統的通識教育，於是到七十年代後期教育界人士批評四起，又要求恢復原來的通識教育原則。但是這時候已經很難確定通識教育的意義了[36]。其他各州也有相類似情況，於是各州教育部長便設法以民主方式進行討論改革新的課程方針，赫森州便請教會、僱主協會、聘僱人員協會、家長會、教師組織，乃至於學生發表對課程的意見，然後修訂課程方針。所謂課程方針是按照課程理論重寫教材綱要，在西德最有名的是巴揚州學校教育研究所（Staatsinstitut für Schulpädagogik in Bayern）研究員維斯特法倫（Klaus Westphalen）所編製課程方針的模式，特別強調有系統的關聯包括總目標（Zielorientierung），互相有關聯的學習目標、學習內容、教學過程和評鑑四個部分，甚至於列成方格（Matrix, Taxonomie）表逐項分析。在編定課程方針時應顧到教師自由活動的餘地。

(六)全國推行的情況

德國教育顧問委員在一九七三年年底建議各州設立實用課程促進協會，一方面編製課程方針，另一方面注意學校裏的課程實際發展工作。推進這項工作者便是地區教育中心。他們所以提出這種建議是由於英美各國都設了地區課程實驗中心(Regional Laboratories)和各種的教師活動中心的緣故。

在組織上負責編製課程的是各州的中心教育研究所（Zentrale Landesinstitute），他們負責聘請專家，提供資料和管理檔案，尤其是關於課程方針的資料、評價和教學過程等。

(七)赫森州的課程發展研究

關於課程實際和理論的關係，美國課程專家杜拉柏斯（Drapers）[38]女士早在一九三六年就指出：「任何一個（課程）新概念不論來源如何和內在價值如何，如果沒有經過試驗並且在實際的體驗中學習到價值，那對於教師、行政人員、督學或其他教育人員都沒有用處」。所以課程的研究不能只靠幾位專家去包辦，而必須以民主方式從基層開始進行研討。茲以西德赫森州大格勞(Groß-Gerau)區課程發展計畫介紹如下：

一九七四年大格勞設立了地區課程研究中心（Reginal Zentrum）作為教師進修和以學校為基礎的課程研究機構。負責這項工作者是地區研究計畫主任（Projektleiter），該主任是中等學校一位教社會科的老師，並且是該地區社會科教學研究會的一位成員。爲瞭解一般教師的需要和初步研究的重點，他曾以問卷方式進行調查；然後進行很多正式的和非正式的對話或交換意見，接着便召開地區性的學科會議。參加工作的人員多是來自課程方針研究小組、教育行政當局或工會推介的專家，他們要經過選舉才能擔任這項工作。爲使教育行政當局、各校校長和有關團體對這項工作感到興趣，還設立了一個地區課程發展顧問會議（Regionaler Beirat）。他們可以決定整個研究計畫的四分之一，他們的工作方式是：

提高教師對課程改革的興趣，動員他們的精力，發動對課程改革有興趣的教師，就他們在教學時所發現的課程的缺點和其他教師共同討論，謀求教學的改進。

爲提高教學的效果應使參加進修培訓的教師瞭解課程發展的工作。寧可挑選一些對學校改革感到興趣的教師從事工作，而避免使所有教師都參加，反而使工作的重心渙散，每個工作小組以六到八人爲度，效率更會提高。一個工作小組獲得良好經驗後，便按照滾雪球的辦法推廣自己獲得的經驗。

各地區研究中心在體制上有兩種不同方式，一種是基層民主制（Basisdemokratisch），一種是行政技術專家制（Technokratisch）

基層民主制的優點有：

1. 由對課程問題感到興趣的教師投票議決，適應教師實際的需要。

2. 由工作人員的全體會議決定課程方針。
3. 各專題小組研究的結果受到尊重。
4. 由參與人員自己評鑑。
5. 發展進步式的課程，推進學校的改革。

由行政技術專家編製的課程的優點有：

1. 由各個有關單位決定課程，包括地區教育顧問委員會、參與工作人員會議和教師全體會議的意見。
2. 各決定機構有不同大小的權力。
3. 地區研究計畫主任有監督和指揮的權力。
4. 由主管單位監督，責任明確。
5. 由於有主管單位負責，實驗的結果較容易推廣[39]。

(八)課程方針舉例

以西德北威州國民中學三年級（第九年）的課程方針舉例㊵：

訓練學生講話的能力

學習的目標	第九年要求的標準 （以行爲爲重點的目標）	教材內容和教法上的指引
學生學習談話的能力，能令人信服地寫作，能就事論事，針對對象進行辯論，具有討論的能力。	—對一個有爭論的問題形成自己的主見。 —爲自己立場辯護的能力。 —預測對方可能提出的論點準備自己的論點。 —利用例子說明自己一般性的或抽象的思想。 —計畫採用修辭的技術。 —說明自己的立場，說明理由和其他立場，駁斥對方，必要時修正自己的立場。	這裏討論的是怎樣提出表示不滿、申訴要求賠償和控訴的意見。要使學生瞭解採取步驟時要考慮到特殊的情況才能達到目的，在設計自己講話策略時要考慮對方可能採用的反論點，要決定以那種方式較爲妥當，例如用電話、面對面談話或用書面表達，這要看自己的意願、當時的情況、法律情勢和衝突對方的態度等。

訓練學生理解能力	學生對所看到的、聽到的、觀察到的能予以解釋、判斷分析和批評。	—文章內容分成系統，發現重要地方，予以評價。 —各段能用自己的語言寫出意思來分析。 —文章的論點鑑定其重要性，表示態度，並且考量其是否能站得住脚。 —找出整篇文章的隱喻。 —研究諷刺文章的效果。 —說明作者的寓意。 —研究是否可用以作爲戲劇的材料。 —說明詩歌的格式。	敍事文：短篇故事、短篇小說、諷刺文章、寓言、小說。 詩歌：政治詩歌、新派實驗詩歌。 戲劇：話劇、廣播劇、電影。 重點：認識一件事、一個問題並且用文學方式表現出來，用各種方法瞭解課文。 可能採取的方法： 1.讀課文 2.說明印象 3.研究內容與形式關係 4.說明作者的意思 5.將內容和自己或他人的經驗比較 課文的選擇： 重視學生的經驗並且開拓更複雜的經驗。 在九年級應讀一本戲劇或一本小說、法律文章、歷史性文章、宣傳招貼等。

四、美國和德國課程發展的比較

（一）美國課程發展的研究多由大學校或研究所主持，其研究結果由各學校或各教師自由採納。主管課程的地方教育局由於經費關係，很少能擔負起這個任務來。後來出版商見到有利可圖便編製了很多教學資料包（Teaching-Learning Packages），包括教材、補充教材、教學過程和教具等完整的課程，甚至於採用商業界推銷辦法，保證教學效果良好，有測驗題用以考察學生成績，如果效果不良，可以退款。但是在選擇這些課程單元時欠缺明確的標準。這種完整式的課程單元往往使學校教學活動失去自然。西德的課程發展多由各州教育部設專門研究單位使與學校當局、從事實際工作的教師、以及從事教育理論研究的專家們互相合作。經過多次不同層次的會議才擬定課程方針，這是一種開放式的課程。綱要中詳細規定學習的大目標和小目標，以及教材內容和評鑑方法等，一般只作原則性的規定所以有較大的活動餘地。

（二）美國中等學校的課程理論有不同的基礎，設有很多選科不大重視傳統的學科，認爲一般學科都具有相同的教育價值。而西德學校多有固定的傳統學科（Kanon），最近幾年來由於課程的研究增設了一些學科如資訊學、哲學、教育學，課程的內容仍比較嚴謹。美國課程學家對於各科目教學的目標有一致的看法，但是大多數拒絕接受一套傳統的學科。他們認爲這種規定妨礙教育的試驗，阻礙因地制宜的適應，延誤教育的改革並有加強單一文化的傾向[41]。

(三)美國在五十年代關於課程的研究就有課程編製（Curriculum-making），課程編纂（Curriculum-building）的名詞。到了六十年代便有關於課程研究很多的著作，但是截至目前爲止只提出了個別的理論觀點，個別的設計和模式卻沒成立一個整套的課程發展理論。但是西德在柏林設立的馬克斯普蘭克教育研究所在羅賓森（Saul B. Robinsohn）領導下的課程研究小組設法研究一套理論，說明課程發展的程序，研究教學的方法和技術，使理論和實際能貫穿起來[42]。課程的研究不僅是靠經驗提出一些建議而已。

德國的教育學重視精神科學（Geistes wissenschaft），所以對課程發展的研究認爲是一個時代不同精神勢力產生交互作用的結果[43]。而美國課程的研究從一開始就重視社會的因素，所以他們多以社會學和政治學爲基礎，作爲決定課程的標準而忽視了文化精神的因素，美國的課程理論較重視社會、民主精神和紀律[44]。

(四)決定課程的三個條件是教學目標、教材和學習經驗。美國的課程理論特別重視經驗。杜威認爲學習是經驗的更新，所以美國的課程理論特別重視體驗。但是課程的決定和精神文化傳統也有很大的關係。美國課程理論提到有關傳統學科（Kanon）的教材時往往以歐洲傳統爲根源，杜威在《兒童和課程》（*The Child and the Curriculum*）一書中反對分科教學系統，認爲分科教學使生活現實變成支離破碎，不顧到學習心理的要求和學生的興趣。而傳統學科只重視使用文字的智慧。西德的課程較注重傳統的學科和課程的架構。

（五）爲推進學校中實際課程研究工作，英美兩國在各地區設立有地區課程實驗中心或其他教師活動中心，西德在七十年代在各州也設立了地區教育中心，例如赫森州的四個單位。一般認爲課程的研究要從基層著手，僅靠專家設計的課程往往不切實際的需要。並且課程研究是教師培訓很好的一種辦法。

（六）西德各州的課程方針詳細列出目標和達到教學目標的方法。這牽涉到課程的功能和教師所擔任的角色。一切教學計畫都是以課程方針爲基礎，就是編寫教科書也以課程方針爲準繩，課程方針並不一定像美國編的課程那樣詳細，包括現成的教具和教學指引，而僅是描述各種廣泛的教學目標，和達到這個目標的教法，教師可以自由選擇適當的教材和輔助工具互相配合。

（七）西德課程研究當局設法模倣美國的研究——發展——廣傳(Research-Development-Dissemination)三連環的辦法，將其應用到西德的課程改革方面。希望由聯邦設立一個總研究所(Zentral Institut)兼負責搜集檔案並提供資料。但是德國是屬聯邦體制，文化和教育權屬於各州，這個願望還很難實現，美國的課程研究也是採取分權制。

五、結論與建議

有人說在五十年代美國發明了電晶體，六十年代由日本將其推廣，到七十年代我國靠它發了財。但是在五十年代美國有了課程發展研究，六十年代由德、英、瑞典將其推廣，而我國到現在課程發展研究上還做得不多。由於課程發展研究對教材的更新、教學的改善、學校的改革和師資的訓練都有貢獻，我們應該急起直追。茲提出幾項建議：

(一)設立地方課程實驗或研究中心推進課程發展工作，以配合人文社會學科指導委員會的理論研究，並且進行教師培訓工作。一般學者認爲課程發展僅靠理論研究不免要落空。

(二)在教育資料館添設課程發展資料檔案部。小學課程的發展研究仍由板橋教師研習會推進，但應添設地區研究會。

(三)派遣留學生到英美德或瑞典專門研究課程發展。

(四)多發表有關課程發展的文章或出版書籍，使國內人士對課程發展有更多的瞭解。

(五)選譯或介紹德國各學科的課程方針作爲我國課程試驗和發展課程的參考。

(六)推進以課程發展培訓師資的計畫。

(七)設立課程發展研究基金，鼓勵各地區教師從事課程研究，有成績者予以獎勵。

注釋：

❶ Neagly, R. L. and Evans, N. D.: *Handbook for Effective Curriculum Development,* Englewood Cliffs, N.Y., 1967, p. 25.

❷ Cremin, L. A., *The Transformation of the School, Progressivism in American Education, 1876-1957,* New York, 1961, p. 117 ff.

❸ Ebd. 334 ff.

❹ Kuhse, Klaus, *Ein Bericht über Wege der Curriculum Reform in den USA mit Ausblick auf Schweden und England,* Berlin, 1968, s.79, Institut für Bildungsforschung in der Max Planckgesellschaft, Studien und Bericht.

❺ Anderson, S. B., *Between the Grimms and the Group,* Literature in American High Schools, Princeton, 1964.

❻ Cp. Masia, B. A., *Profile of the Current Secondary Social Studies Curriculum in North Central Association Schools,* 1964.

❼ Thornton, J. W. and Wright, J. R. (Hrsg.), *Secondary School Curriculum,* Ohio, 1965, p. 36.

❽ Taba, Hilda, *Curriculum Development, Theory and Practice,* New York, 1962, p. 200.

❾ Saylor, J. G. and Alexander, W. M., *Curriculum Planning for Modern Schools,* New

York, 1966, p. 36.

⑩ American Association for the Advancement of Science, Commission on Science Education, 1968, p. 7 ff.

⑪ Sullivan, H. J., *Improving Learner Achievement through Evaluation by Objectives,* Inglewood Calif., 1969.

⑫ Eisner, E. W., *Educational Objectives: Help or Hindrance,* in: The School Review, 75 Jg., 1967 H. 3, p. 76.

⑬ West, E., *Developing Skills in the School Studies Program,* o. o., o. J. University of Minnesota: Project Social Studies, Background Paper 12, unpublished paper, p. 4 ff.

⑭ Sussmann, L., *Innovation in Education,* US., Paris, OECD, 1971, p. 9.

⑮ Silbermann, C. E., *Crisis in the Classroom,* New York, 1970, p. 186.

⑯ Project on Instruction, *School for the Sixties, When Pupils Don't Learn, Publishers Don't Earn,* 1970, p. 44.

⑰ U. S. Department of Health, *Education and Welfare,* 1969, p. 75.

⑱ Wirt, F. and Kirst M., *Political and Social Foundations of Education,* Berkeley, 1972.

⑲ Osterndorf, L. C. and Horn, D. J., *Course Offerings, Enrollments and Curriculum Practices in Public Secondary Schools.* 1972-1973, National Center for Education Statistics,

Washington D.C. U.S. Government Printing Office, 1976, p. 2, p. 5.

⑳ Ebd. 4-7.

㉑ National Center for Educational Statistics, 1979 p. 78.

㉒ *Zu der Entschlieβung der Ministerpräsidenten vom 5. und 6. Feb. 1954. In: Empfehlungen und Gutachten des Deutschen Ausschusses für das Erziehungs- und Bildungswesen 1953-1965. Gesamtausgabe. Im Auftrag von H. Bohnenkamp und anderen, Stuttgart 1966, s. 52.

㉓ Kultusministerkonferenz, Rahmenplan zur Umgestaltung und Vereinheitlichung des allgemeinbildenden öffentlichen Schulwesens", 1959, s. 60.

㉔ Robinsohn, S. B., *Bildungsreform als Revision des Curriculums*, Neuwied 1967, R. 3 ff.

㉕ Holtmann, Antonius, Lehrpläne und Medien bei uns und in den U.S.A., in: Lehrmittel aktuell, Beiheft in: Die Grundschule, 2 (1970), p. 2-8.

㉖ Vonhoff, H. P., *Wer weiβ noch, was er lernen soll?* Blickpunkt Schulbuch, H.23, Frankfurt 1979.

㉗ Pennwitz, H. P. and Weinert, F. E. (Hrsg.) CIEL, Ein Förderungs-Programm zur Elementarerziehung und seine wissenschaftliche Voraussetzung, Göttingen 1973.

㉘ Classen-Bauer u. a. 1975 und Haft/Haller/Waldow, Dokumentation zur Curriculumentwicklung, 1978 (Unveröffnete Manuskript). Hörner Wolfgang (Hrsg.), Curriculumentwicklung im internationalen Vergleich, Weinheim und Basel 1981 s. 179.

㉙ Frey, Karl, *Curriculum-Handbuch,* München Zürich 1975.

㉚ Herder Verlag, *Das Neue Lexikon der Pädagogik,* Freiburg in Breisgau 1971, Bd. IV. s. 209.

㉛ Arbeitsgruppe für Unterrichtsforschung, Göttingen, Weg in die Naturwissenschaft. in: Die Grundschule, 2 (1970), s. 1-s. 27.

㉜ In: Die Grundschule, 2 (1970), s. 27-s. 37.

㉝ Spreckelsen, K., Stoffe und ihre Eigenschaften, wechselwirkung auf ihre Partner, Diestelverlag.

㉞ Frey, Karl und andere, wie 29. Bd. I. s. 125 f.

㉟ Große Hessische Reformkommission, Zur Reform der Hessischen Bildungsplāre 1970/71, III.

㊱ Hörner, Wolfgang und Waterkamp D. (Hrsg.), wie 28. s. 183.

㊲ Ebd. p. 193.

㊳ Drapers, *Principles and Techniques of Curriculum Making,* 1936.

㊴ Jungblatt, Gerd, *Regioale Bedingungen der Curriculumentwicklung, Frankfurt/M.* 1979,

s. 81–s. 83.

㊵ Kultusminister des Landes Nordrhein-Westfalen, Empfehlungen, Deutsch, für die Klasse 9 und 10, Hauptschule, Düsseldorf.

㊶ College Entrance Examination Board, Freedom and Discipline in English, New York 1965, p. 43.

㊷ 如 4. p. 112.

㊸ Groothoff, H. H. und stallmann M. (Hrsg.), Pädagogisches Lexikon, Stuttgart 1961, s. 570.

㊹ 如 4. p. 112.

附錄：英美課程研究單位名單

1. 史地、經濟

Social Studies

USA

Project Social Studies – U. S. Office of Education, Division of Educational Research. – 12 "curriculum centers".

A Curriculum Based on the Analysis of Public Controversy (S) - Harvard University, Cambridge, Massachusetts 02138.

GCSSP - Greater Cleveland Social Science Program (ES) - Educational Research Council of Greater Cleveland, Rockefeller Building, Cleveland, Ohio 44113.

Social Studies Curriculum Program (ES) - Educational Services Inc., 15 Mifflin Place, Cambridge, Massachusetts 02138.

University of Michigan Curriculum Project (S) - University of Michigan, Ann Arbor, Michigan.

ACSP - Anthropology Curriculum Study Project - 5632 Kimbark Avenue, Chicago, Illinois 60637.

Sociological Resources for Secondary Schools (S) - American Sociological Association, Dartmouth College, Hanover, N. H. 03755.

Developmental Economic Education Program - DEEP (ES) - Joint Council of Economic Education, 2 West 46th Street, New York, New York 10036.

Elkhart Indiana Experiment in Economic Education (E) - Purdue University, Lafayette, Ind. 47907.

HSGP - High School Geography Project (S) - Association of American Geographers,

Montana State College, Bozeman, Montana 59715.

Basic Concepts in History and Social Science (S) - Amherst College, Amherst, Massachusetts 1002.

World History Project (S) - Department of History, Northwestern University, Evanston, Illinois 60201.

Secondary School Project (S) - Eagleston Institute of Politics, Rutgers University, Woodlawn, Douglass College, New Brunswick, New Jersey 08901.

2. 語文

USA

MLA - NCTE English Materials Center - Modern Language Association, 4 Washington Place, New York, New York.

NEA - Dean Langmuir Project on Improving English Composition (S) - National Education Association, 1201 16th Street, N. W., Washington, D. C.

Testing Project on Taste and Discrimination in Literature - National Council of Teachers of English, 508 South Sixth Street, Champaign, Illinois.

TESOL - Teaching English for Speakers of Other Languages - Center for Applied

Linguistics, 1755 Massachusetts Avenue, N.W. Washington, D.C.

TENES - Teaching English to Non - English Speakers - Department of English, University of Minnesota, Minneapolis, Minnesota.

Project - English (ES) - U.S. Office of Education, Division of Educational Research, Washington, D.C.

Audio - Lingual Materials Project: French, German, Italian, Russian, Spanish (S) - Modern Language Materials Development Center, 2 West 20th Street, New York, New York, Mary P. Thompson, Director. Harcourt, Brace and World, New York.

The Modern Language Project: "Parlons Français" (E) - 9 Newbury Street, Boston 16, Massachusetts.

MLA FL Program - Foreign Languages Program of the Modern Language Association of America - 70 Fifth Avenue, New York, New York.

England

Pilot Scheme for the Teaching of French in Primary Schools - The Nuffield Foundation Modern Language Teaching Project, 5 Lyddon Terrace, The University, Leeds, 2.

English Project/ English Program (ES) - The Schools Council, 38 Belgrave Square, London, S.W. 1.

後記

「教育專題研究」之編撰，係針對當前人文及社會學科教育問題，擇其最為切要而須加以探討突破者，邀約專家學者，負責研究，提出卓見，以為教育決策當局、實際從事教育工作者，以及社會關心人士之參考。第一、二輯出版後，深受社會各界之重視。第三輯由於本會人事略有變動，故稍有躭擱，現已將稿件彙整付印中，不日卽可出版問世。

第三輯共收專題研究五篇，依次為留美學人李戈北博士之「海峽兩岸小學語文教科書價值觀之分析」，黃季仁教授之「人文、科技、教育整合觀研究的試探」，謝雲飛教授之「大一國文教材教法改革研究」，張芳杰、黃自來二教授合撰之「國中生提前學英語對其在校成績及學習能力影響之研究」，嚴翼長教授之「美國和德國課程發展的比較」。五篇專題中，或屬於語文教材教法之探究，或屬於人文、科技之整合，或屬於外國課程設計之比較，皆析論精微，見解卓越，極有前瞻性，對於語文教材之編撰、教學法之改進，以及課程之設計等，深具參考之價值。

本專題研究，係本會人文、社會學科兩教育研究委員會前召集委員劉真、宗亮東二位教授負責規劃。業務由研究助理陳錦慧小姐承辦，郭玉梅、連愛華等研究助理協辦，從約稿、集稿、付印、校對，以至出版，備極辛勞，謹附識於此。

中華民國八十二年五月　李　鍌

附錄

教育專題研究（第一輯）篇目

高級職業學校英文教學研究 黃自來

一、前言 二、教學目標 三、教材 四、教學方法 五、結論與建議

大學院校國父思想教材內涵比較研究 朱諶 陳嘉猷

一、前言 二、大綱研究 三、教材現況 四、建議與改進意見 五、結論

新制師院課程析評 陳漢强

一、前言 二、師院課程設計的原則 三、由師院課程設計原則評新制師院課程的設計 四、結論

教育專題研究（第二輯）篇目

加強大專院校社團學藝活動之研究

田博元
李琪明

一、前言　二、大專院校社團學藝活動的重要與特性　三、大專院校社團學藝活動的實況分析　四、大專院校社團學藝活動的檢討與建議　五、結語

三民大專用書書目

國父遺教

國父思想	涂子麟 著	中山大學
國父思想	周世輔 著	前政治大學
國父思想新論	周世輔 著	前政治大學
國父思想要義	周世輔 著	前政治大學

法　律

中國憲法新論	薩孟武 著	前臺灣大學
中國憲法論	傅肅良 著	中興大學
中華民國憲法論	管歐 著	東吳大學
中華民國憲法逐條釋義(一)～(四)	林紀東 著	臺灣大學
比較憲法	鄒文海 著	前政治大學
比較憲法	曾繁康 著	臺灣大學
美國憲法與憲政	荊知仁 著	政治大學
國家賠償法	劉春堂 著	輔仁大學
民法概要	鄭玉波 著	臺灣大學
民法概要	董世芳 著	實踐學院
民法總則	鄭玉波 著	臺灣大學
判解民法總則	劉春堂 著	輔仁大學
民法債編總論	鄭玉波 著	臺灣大學
判解民法債篇通則	劉春堂 著	輔仁大學
民法物權	鄭玉波 著	臺灣大學
判解民法物權	劉春堂 著	輔仁大學
民法親屬新論	黃宗樂等 著	臺灣大學
民法繼承新論	黃宗樂等 著	臺灣大學
商事法論	張國鍵 著	臺灣大學
商事法要論	梁宇賢 著	中興大學
公司法	鄭玉波 著	臺灣大學
公司法論	柯芳枝 著	臺灣大學

公司法論	梁宇賢 著	中興大學
票據法	鄭玉波 著	臺灣大學
海商法	鄭玉波 著	臺灣大學
海商法論	梁宇賢 著	中興大學
保險法論	鄭玉波 著	臺灣大學
民事訴訟法釋義	石志泉 原著 楊建華 修訂	輔仁大學
破產法	陳榮宗 著	臺灣大學
破產法論	陳計男 著	行政法院
刑法總整理	曾榮振 著	臺中地院
刑法總論	蔡墩銘 著	臺灣大學
刑法各論	蔡墩銘 著	臺灣大學
刑法特論（上）（下）	林山田 著	政治大學
刑事政策（修訂版）	張甘妹 著	臺灣大學
刑事訴訟法論	黃東熊 著	中興大學
刑事訴訟法論	胡開誠 著	臺灣大學
行政法（改訂版）	林紀東 著	臺灣大學
行政法	張家洋 著	政治大學
行政法之基礎理論	城仲模 著	中興大學
犯罪學	林山田 等著	政治大學等
監獄學	林紀東 著	臺灣大學
土地法釋論	焦祖涵 著	東吳大學
土地登記之理論與實務	焦祖涵 著	東吳大學
引渡之理論與實踐	陳榮傑 著	外交部
國際私法	劉甲一 著	臺灣大學
國際私法新論	梅仲協 著	前臺灣大學
國際私法論叢	劉鐵錚 著	政治大學
現代國際法	丘宏達 等著	馬利蘭大學等
現代國際法基本文件	丘宏達 編	馬利蘭大學
平時國際法	蘇義雄 著	中興大學
中國法制史	戴炎輝 著	臺灣大學
法學緒論	鄭玉波 著	臺灣大學
法學緒論	孫致中 著	各大專院校

強制執行法	陳榮宗	著	臺灣大學
法院組織法論	管歐	著	東吳大學

政治・外交

政治學	薩孟武	著	前臺灣大學
政治學	鄒文海	著	前政治大學
政治學	曹伯森	著	陸軍官校
政治學	呂亞力	著	臺灣大學
政治學概要	張金鑑	著	政治大學
政治學方法論	呂亞力	著	臺灣大學
政治理論與研究方法	易君博	著	政治大學
公共政策概論	朱志宏	著	臺灣大學
公共政策	曹俊漢	著	臺灣大學
公共政策	朱志宏	著	臺灣大學
公共關係	王德馨 等	著	交通大學
中國社會政治史(一)～(四)	薩孟武	著	前臺灣大學
中國政治思想史	薩孟武	著	前臺灣大學
中國政治思想史（上）（中）（下）	張金鑑	著	政治大學
西洋政治思想史	張金鑑	著	政治大學
西洋政治思想史	薩孟武	著	前臺灣大學
中國政治制度史	張金鑑	著	政治大學
比較主義	張亞澐	著	政治大學
比較監察制度	陶百川	著	國策顧問
歐洲各國政府	張金鑑	著	政治大學
美國政府	張金鑑	著	政治大學
地方自治概要	管歐	著	東吳大學
國際關係——理論與實踐	朱張碧珠	著	臺灣大學
中美早期外交史	李定一	著	政治大學
現代西洋外交史	楊逢泰	著	政治大學

行政・管理

行政學（增訂版）	張潤書	著	政治大學
行政學	左潞生	著	中興大學
行政學新論	張金鑑	著	政治大學

行政管理學	傅肅良 著	中興大學
行政生態學	彭文賢 著	中興大學
各國人事制度	傅肅良 著	中興大學
考詮制度	傅肅良 著	中興大學
交通行政	劉承漢 著	成功大學
組織行爲管理	龔平邦 著	前逢甲大學
行爲科學概論	龔平邦 著	前逢甲大學
行爲科學與管理	徐木蘭 著	臺灣大學
組織行爲學	高尚仁 等著	香港大學
組織原理	彭文賢 著	中興大學
實用企業管理學	解宏賓 著	中興大學
企業管理	蔣靜一 著	逢甲大學
企業管理	陳定國 著	臺灣大學
國際企業論	李蘭甫 著	中文大學
企業政策	陳光華 著	交通大學
企業概論	陳定國 著	臺灣大學
管理新論	謝長宏 著	交通大學
管理概論	郭崑謨 著	中興大學
管理個案分析	郭崑謨 著	中興大學
企業組織與管理	郭崑謨 著	中興大學
企業組織與管理（工商管理）	盧宗漢 著	中興大學
現代企業管理	龔平邦 著	前逢甲大學
現代管理學	龔平邦 著	前逢甲大學
事務管理手册	新聞局 著	
生產管理	劉漢容 著	成功大學
管理心理學	湯淑貞 著	成功大學
管理數學	謝志雄 著	東吳大學
品質管理	戴久永 著	交通大學
可靠度導論	戴久永 著	交通大學
人事管理（修訂版）	傅肅良 著	中興大學
作業研究	林照雄 著	輔仁大學
作業研究	楊超然 著	臺灣大學
作業研究	劉一忠 著	舊金山州立大學

系統分析	陳　進	著	前聖瑪麗大學

社　會

社會學	蔡文輝	著	印第安那大學
社會學	龍冠海	著	前臺灣大學
社會學	張華葆	主編	東海大學
社會學理論	蔡文輝	著	印第安那大學
社會學理論	陳秉璋	著	政治大學
社會心理學	劉安彥	著	傑克遜州立大學
社會心理學	張華葆	著	東海大學
社會心理學	趙淑賢	著	安柏拉校區
社會心理學理論	張華葆	著	東海大學
政治社會學	陳秉璋	著	政治大學
醫療社會學	廖榮利	等著	臺灣大學
組織社會學	張苙雲	著	臺灣大學
人口遷移	廖正宏	著	臺灣大學
社區原理	蔡宏進	著	臺灣大學
人口教育	孫得雄	編著	東海大學
社會階層化與社會流動	許嘉猷	著	臺灣大學
社會階層	張華葆	著	東海大學
西洋社會思想史	張承漢	等著	臺灣大學
中國社會思想史（上）（下）	張承漢	著	臺灣大學
社會變遷	蔡文輝	著	印第安那大學
社會政策與社會行政	陳國鈞	著	中興大學
社會福利行政（修訂版）	白秀雄	著	臺灣大學
社會工作	白秀雄	著	臺灣大學
社會工作管理	廖榮利	著	臺灣大學
團體工作：理論與技術	林萬億	著	臺灣大學
都市社會學理論與應用	龍冠海	著	前臺灣大學
社會科學概論	薩孟武	著	前臺灣大學
文化人類學	陳國鈞	著	中興大學

勞工問題	陳國鈞 著	中興大學
少年犯罪心理學	張華葆 著	東海大學
少年犯罪預防及矯治	張華葆 著	東海大學

教　育

教育哲學	賈馥茗 著	臺灣師大
教育哲學	葉學志 著	彰化教院
普通教學法	方炳林 著	前臺灣師大
各國教育制度	雷國鼎 著	臺灣師大
教育心理學	溫世頌 著	傑克遜州立大學
教育心理學	胡秉正 著	政治大學
教育社會學	陳奎憙 著	臺灣師大
教育行政學	林文達 著	政治大學
教育行政原理	黃文輝 主譯	臺灣師大
教育經濟學	蓋浙生 著	臺灣師大
教育經濟學	林文達 著	政治大學
工業教育學	袁立錕 著	彰化教院
技術職業教育行政與視導	張天津 著	臺灣師大
技職教育測量與評鑒	李大偉 著	臺灣師大
高科技與技職教育	楊啟棟 著	臺灣師大
工業職業技術教育	陳昭雄 著	臺灣師大
技術職業教育教學法	陳昭雄 著	臺灣師大
技術職業教育辭典	楊朝祥 編著	臺灣師大
技術職業教育理論與實務	楊朝祥 著	臺灣師大
工業安全衛生	羅文基 著	
人力發展理論與實施	彭台臨 著	臺灣師大
職業教育師資培育	周談輝 著	臺灣師大
家庭教育	張振宇 著	淡江大學
教育與人生	李建興 著	臺灣師大
當代教育思潮	徐南號 著	臺灣師大
比較國民教育	雷國鼎 著	臺灣師大
中等教育	司琦 著	政治大學
中國教育史	胡美琦 著	文化大學

中國現代教育史	鄭世興　著	臺灣師大
中國大學教育發展史	伍振鷟　著	臺灣師大
中國職業教育發展史	周談輝　著	臺灣師大
社會教育新論	李建興　著	臺灣師大
中國社會教育發展史	李建興　著	臺灣師大
中國國民教育發展史	司　琦　著	政治大學
中國體育發展史	吳文忠　著	臺灣師大
如何寫學術論文	宋楚瑜　著	臺灣大學
論文寫作研究 ，	段家鋒　等著	政戰學校等

心理學

心理學	劉安彥　著	傑克遜 州立大學
心理學	張春興　等著	臺灣師大等
人事心理學	黃天中　著	淡江大學
人事心理學	傅肅良　著	中興大學

經濟・財政

西洋經濟思想史	林鐘雄　著	臺灣大學
歐洲經濟發展史	林鐘雄　著	臺灣大學
比較經濟制度	孫殿柏　著	政治大學
經濟學原理（增訂新版）	歐陽勛　著	政治大學
經濟學導論	徐育珠　著	南康涅狄克 州立大學
經濟學概要	歐陽勛　等著	政治大學
通俗經濟講話	邢慕寰　著	前香港大學
經濟學（增訂版）	陸民仁　著	政治大學
經濟學概論	陸民仁　著	政治大學
國際經濟學	白俊男　著	東吳大學
國際經濟學	黃智輝　著	東吳大學
個體經濟學	劉盛男　著	臺北商專
總體經濟分析	趙鳳培　著	政治大學
總體經濟學	鐘甦生　著	西雅圖銀行
總體經濟學	張慶輝　著	政治大學
總體經濟理論	孫　震　著	臺灣大學

數理經濟分析	林大侯 著	臺灣大學
計量經濟學導論	林華德 著	臺灣大學
計量經濟學	陳正澄 著	臺灣大學
經濟政策	湯俊湘 著	中興大學
合作經濟概論	尹樹生 著	中興大學
農業經濟學	尹樹生 著	中興大學
工程經濟	陳寬仁 著	中正理工學院
銀行法	金桐林 著	華南銀行
銀行法釋義	楊承厚 著	銘傳管理學院
商業銀行實務	解宏賓 編著	中興大學
貨幣銀行學	何偉成 著	中正理工學院
貨幣銀行學	白俊男 著	東吳大學
貨幣銀行學	楊樹森 著	文化大學
貨幣銀行學	李穎吾 著	臺灣大學
貨幣銀行學	趙鳳培 著	政治大學
現代貨幣銀行學	柳復起 著	新南威爾斯大學
現代國際金融	柳復起 著	新南威爾斯大學
國際金融理論與制度（修訂版）	歐陽勛等 編著	政治大學
金融交換實務	李麗 著	中央銀行
財政學	李厚高 著	逢甲大學
財政學（修訂版）	林華德 著	臺灣大學
財政學原理	魏萼 著	臺灣大學
商用英文	張錦源 著	政治大學
商用英文	程振粵 著	臺灣大學
貿易契約理論與實務	張錦源 著	政治大學
貿易英文實務	張錦源 著	政治大學
信用狀理論與實務	蕭啟賢 著	輔仁大學
信用狀理論與實務	張錦源 著	政治大學
國際貿易	李穎吾 著	臺灣大學
國際貿易實務詳論	張錦源 著	政治大學
國際貿易實務	羅慶龍 著	逢甲大學

國際貿易理論與政策（修訂版）	歐陽勛等編著	政治大學
國際貿易政策概論	余德培 著	東吳大學
國際貿易論	李厚高 著	逢甲大學
國際商品買賣契約法	鄧越今 編著	外貿協會
國際貿易法概要	于政長 著	東吳大學
國際貿易法	張錦源 著	政治大學
外匯投資理財與風險	李麗 著	中央銀行
外匯、貿易辭典	于政長 編著 張錦源 校訂	東吳大學 政治大學
貿易實務辭典	張錦源 編著	政治大學
貿易貨物保險（修訂版）	周詠棠 著	中央信託局
貿易慣例	張錦源 著	政治大學
國際匯兌	林邦充 著	政治大學
國際行銷管理	許士軍 著	新加坡大學
國際行銷	郭崑謨 著	中興大學
行銷管理	郭崑謨 著	中興大學
海關實務（修訂版）	張俊雄 著	淡江大學
美國之外匯市場	于政長 譯	東吳大學
保險學（增訂版）	湯俊湘 著	中興大學
人壽保險學（增訂版）	宋明哲 著	德明商專
人壽保險的理論與實務	陳雲中 編著	臺灣大學
火災保險及海上保險	吳榮清 著	文化大學
市場學	王德馨 等著	中興大學
行銷學	江顯新 著	中興大學
投資學	龔平邦 著	前逢甲大學
投資學	白俊男 等著	東吳大學
海外投資的知識	葉雲鎮 等譯	
國際投資之技術移轉	鍾瑞江 著	東吳大學

會計・統計・審計

銀行會計（上）（下）	李兆萱 等著	臺灣大學等
初級會計學（上）（下）	洪國賜 著	淡水工商
中級會計學（上）（下）	洪國賜 著	淡水工商
中等會計（上）（下）	薛光圻 等著	西東大學等

會計辭典	龍毓耼 譯	
會計學（上）（下）	幸世間 著	臺灣大學
會計學題解	幸世間 著	臺灣大學
成本會計（上）（下）	洪國賜 著	淡水工商
成本會計	盛禮約 著	淡水工商
政府會計	李增榮 著	政治大學
政府會計	張鴻春 著	臺灣大學
稅務會計	卓敏枝 等著	臺灣大學等
財務報表分析	洪國賜 等著	淡水工商等
財務報表分析	李祖培 著	中興大學
財務管理	張春雄 著	政治大學
財務管理（增訂新版）	黃柱權 著	政治大學
商用統計學（修訂版）	顏月珠 著	臺灣大學
商用統計學	劉一忠 著	舊金山州立大學
統計學（修訂版）	柴松林 著	政治大學
統計學	劉南溟 著	前臺灣大學
統計學	張浩鈞 著	臺灣大學
統計學	楊維哲 著	臺灣大學
統計學	顏月珠 著	臺灣大學
統計學題解	顏月珠 著	臺灣大學
推理統計學	張碧波 著	銘傳管理學院
應用數理統計學	顏月珠 著	臺灣大學
統計製圖學	宋汝濬 著	臺中商專
統計概念與方法	戴久永 著	交通大學
審計學	殷文俊 等著	政治大學
商用數學	薛昭雄 著	政治大學
商用數學（含商用微積分）	楊維哲 著	臺灣大學
線性代數（修訂版）	謝志雄 著	東吳大學
商用微積分	何典恭 著	淡水工商
微積分	楊維哲 著	臺灣大學
微積分（上）（下）	楊維哲 著	臺灣大學
大二微積分	楊維哲 著	臺灣大學

機率導論	戴久永	著	交通大學

新聞

傳播研究方法總論	楊孝濚	著	東吳大學
傳播研究調查法	蘇蘅	著	輔仁大學
傳播原理	方蘭生	著	文化大學
行銷傳播學	羅文坤	著	政治大學
國際傳播	李瞻	著	政治大學
國際傳播與科技	彭芸	著	政治大學
廣播與電視	何貽謀	著	輔仁大學
廣播原理與製作	于洪海	著	中廣
電影原理與製作	梅長齡	著	前文化大學
新聞學與大眾傳播學	鄭貞銘	著	文化大學
新聞採訪與編輯	鄭貞銘	著	文化大學
新聞編輯學	徐旭	著	新生報
採訪寫作	歐陽醇	著	臺灣師大
評論寫作	程之行	著	紐約日報
新聞英文寫作	朱耀龍	著	前文化大學
小型報刊實務	彭家發	著	政治大學
廣告學	顏伯勤	著	輔仁大學
媒介實務	趙俊邁	著	東吳大學
中國新聞傳播史	賴光臨	著	政治大學
中國新聞史	曾虛白	主編	
世界新聞史	李瞻	著	政治大學
新聞學	李瞻	著	政治大學
新聞採訪學	李瞻	著	政治大學
新聞道德	李瞻	著	政治大學
電視制度	李瞻	著	政治大學
電視新聞	張勤	著	中視文化公司
電視與觀眾	曠湘霞	著	政治大學
大眾傳播理論	李金銓	著	明尼西達大學
大眾傳播新論	李茂政	著	政治大學

大眾傳播與社會變遷	陳世敏 著	政治大學
組織傳播	鄭瑞城 著	政治大學
政治傳播學	祝基瀅 著	
文化與傳播	汪　琪 著	政治大學

歷史・地理

中國通史（上）（下）	林瑞翰 著	臺灣大學
中國現代史	李守孔 著	臺灣大學
中國近代史	李守孔 著	臺灣大學
中國近代史	李雲漢 著	政治大學
中國近代史（簡史）	李雲漢 著	政治大學
中國近代史	古鴻廷 著	東海大學
隋唐史	王壽南 著	政治大學
明清史	陳捷先 著	臺灣大學
黃河文明之光	姚大中 著	東吳大學
古代北西中國	姚大中 著	東吳大學
南方的奮起	姚大中 著	東吳大學
中國世界的全盛	姚大中 著	東吳大學
近代中國的成立	姚大中 著	東吳大學
西洋現代史	李邁先 著	臺灣大學
東歐諸國史	李邁先 著	臺灣大學
英國史綱	許介鱗 著	臺灣大學
印度史	吳俊才 著	政治大學
日本史	林明德 著	臺灣師大
日本現代史	許介鱗 著	臺灣大學
近代中日關係史	林明德 著	臺灣師大
美洲地理	林鈞祥 著	臺灣師大
非洲地理	劉鴻喜 著	臺灣師大
自然地理學	劉鴻喜 著	臺灣師大
地形學綱要	劉鴻喜 著	臺灣師大
聚落地理學	胡振洲 著	中興大學
海事地理學	胡振洲 著	中興大學
經濟地理	陳伯中 著	前臺灣大學
都市地理學	陳伯中 著	前臺灣大學